GESTION ET MAXIMISATION DES PROCÉDURES DES MARCHÉS PUBLICS

Tome 8

Passation des marchés dans les Collectivités territoriales et les Organisations collectives de base

Malick Guibril NDIAYE

GESTION ET MAXIMISATION DES PROCÉDURES DES MARCHÉS PUBLICS

Tome 8

Passation des marchés dans les Collectivités territoriales et les Organisations collectives de base

Sénégal
L'Harmattan

10 VDN, Sicap Amitié 3, Lotissement Cité Police, DAKAR

senharmattan@gmail.com
senlibrairie@gmail.com

ISBN : 978-2-343-22676-7
EAN : 9782343226767

PRÉFACE

De nombreuses actions de développement s'exécutent au niveau des terroirs grâce à la mise en place de cadres opérationnels de concertation, de prise de décision, de suivi-évaluation et de transparence associant l'ensemble des acteurs de développement à la base. Ces cadres opérationnels de concertation ont pour objectifs :

- l'amélioration du cadre réglementaire, institutionnel et fiscal et la promotion des capacités de développement décentralisé ;
- l'élaboration d'un mécanisme efficace et adéquat de transfert de fonds publics et autres ressources en vue de financer les infrastructures prioritaires ;
- la réhabilitation et la promotion d'un entretien régulier des infrastructures construites.

L'utilisation de procédures simples de passation de marchés publics adaptées aux réalités à la base est le socle du développement des collectivités territoriales. Fort heureusement, les procédures nationales et celles de la plupart des Bailleurs prévoient l'utilisation de procédures adaptées aux réalités des Collectivités territoriales et autres organisations collectives de base.

Pour les Collectivités territoriales, la passation de marchés ne devrait pas poser de problèmes, tant que les planchers fixés pour déclencher les procédures d'appels d'offres ne sont pas atteints. Au cas où les seuils déclenchant les procédures d'appel d'offres seraient atteints, les marchés y relatifs pourront être passés suivant les différents types d'appels d'offres prévus selon la provenance des fonds qui financent cette acquisition ou prestation.

Ces procédures adaptées devraient permettre aux « Collectivités territoriales » en tant qu'Autorité contractante, d'assumer leurs rôles pour le développement de leur terroir notamment en matière de passation de marchés. Les « procédures adaptées » développées, dans cet ouvrage, concernent la préparation, la passation, l'approbation, l'exécution des marchés passés par les Collectivités territoriales et autres organisations collectives de base.

Les dispositions qui régissent les marchés publics classiques ont été revisitées ; tout en innovant dans le sens d'une simplification et d'une adaptation aux réalités des collectivités territoriales et du milieu rural en particulier. Les marchés seront passés selon des procédures adaptées en parfaite symbiose avec les réglementations nationales et directives des bailleurs mettant en avant les critères de qualification au plan juridique, technique et financier.

Aucun soumissionnaire ne sera écarté lors de l'ouverture des plis et toutes les offres reconnues conformes seront évaluées. Au terme de l'évaluation, les qualifications du soumissionnaire dont l'offre est évaluée la moins chère seront examinées avant l'attribution définitive du marché.

Au le cas où celui-ci ne répondrait pas à ces critères, la seconde offre évaluée moins-disant sera alors examinée. L'attribution des marchés sera adossée sur des orientations permettant de simplifier de manière rigoureuse le processus.

Les grands marchés de travaux et les marchés d'équipements à prix fixes (moins d'un an d'exécution) seront attribués sur la base d'appels d'offres, auprès d'entreprises qualifiées.

En collaboration avec les structures déconcentrées et la Direction en charge du Contrôle des marchés Publics, il sera lancé des avis de présélection des Candidats pour les programmes régionaux annuels.

Ces avis devront **être** largement publiés dans la presse locale, voire nationale, sur une base annuelle indiquant l'envergure et l'emplacement des travaux à réaliser dans les douze mois qui suivent, ainsi que les critères de sélection.

Les Marchés de petits travaux ; (puits, écoles ou poste de santé ou maternité) pour le développement à la base sont à passer au forfait.

Les Marchés petits de fournitures et services physiques ; les marchés de produits courants, tels que les fournitures de bureau, les pièces consommables, disponibles généralement dans le commerce à des prix compétitifs, seront passés par consultation locale par cotation ou Demande de Renseignements et de Prix simple sur la base d'offres obtenues auprès d'au moins trois fournisseurs fiables.

Les marchés de prestations intellectuelles ou services de consultants (séminaires et petites études), ne nécessitant pas de travail d'équipe ou un appui technique, pouvant être assurés par des consultants individuels seront attribués selon la méthode de sélection selon la qualification ou qualité du prestataire (SQ) sur la base de Curricula vitae (CV), celui ayant le meilleur profil soumettra une proposition financière qui sera négociée.

Il est aussi possible d'utiliser la méthode qualité technique et coût. Les Curricula vitae (CV) des consultants, qui se sont déclarés comme intéressés par la mission ou qui auront été contactés directement, seront utilisés, comme des propositions techniques, ils soumettront en même temps dans une autre enveloppe leur propositions financières.

**** ***

PRÉSENTATION DE L'AUTEUR

M. Malick Guibril NDIAYE est un économiste planificateur diplômé de l'Université Cheikh Anta Diop de Dakar (UCAD). Il a commencé sa carrière administrative en 1980 à la Division de la Planification générale de la Direction de la Planification, au Ministère du Plan et de la Coopération.

Désigné représentant dudit Ministère à la Commission nationale des Contrats de l'Administration rattachée au Secrétariat général de la Présidence de la République, il s'est familiarisé aux procédures de la commande publique sur la période 1982-88 en qualité de vérificateur des procédures de passation des marchés.

M. NDIAYE c'est par la suite spécialisé en obtenant le certificat de l'Institut international du Droit du Développement devenu Organisation internationale du Droit du Développement (IDLO) à Rome, en Italie), sur les procédures des bailleurs et la passation des marchés et la conclusion des contrats internationaux de construction avec application des règles de la Fédération internationale des Ingénieurs-Conseils (FIDIC).

A partir de 1993, M. NDIAYE en qualité de spécialiste en passation des marchés, participé à la mise en œuvre de plusieurs projets de développement à savoir le :

- Projet d'Appui aux Groupements féminins, sur la période 1993 à 1999 sur financement de la Banque africaine de Développement (BAD) ; cumulativement à ses responsabilités d'expert en conception et évaluation de projets, il a déroulé toute la passation de marchés des composantes du projet ;
- Programme national d'Infrastructures rurales (PNIR) (2000-2005) financé par l'Association internationale pour le Développement du Groupe de la Banque mondiale ;
- projet « Gestion intégrée des Ressources marines et côtières (GIRMaC) » (2005-2006) financé par l'Association internationale pour le Développement du Groupe de la Banque mondiale ;
- Programme national de Développement local (PNDL) (2006-2007 ;
- Programme de Coopération Luxembourg-Sénégal (2007-2010).
- le Projet régional des Pêches en Afrique de l'Ouest (PRAO-Sénégal) financé par l'Association internationale pour le Développement du Groupe de la Banque mondiale (2010 2017).

M. Ndiaye est certifié spécialiste en passation de marchés par le Centre africain d'Etudes supérieures en Gestion (CESAG) en 2000, par l'Institut Supérieur africain pour le Développement de l'Entreprise (ISADE) en 2001, par la Banque mondiale 2006, et par « Espace Scientifique et technique (EST) » Tunisie en 2013.

Il est accrédité Manager spécialiste en marchés publics par SETYM International en relation avec l'Université du Québec à Montréal sur la période septembre 2016 septembre 2021

M. NDIAYE fait partie du groupe d'experts choisis par l'Autorité de régulation des marchés (ARMP) Sénégal pour assurer la formation des agents des autorités contractantes sur les procédures de marchés publics.

Il a pris part à la formation des cohortes d'assistants en marchés publics organisée par l'Office national de Formation professionnelle (ONFP) Sénégal.

Depuis l'année académique de 2003-2004 à nos jours M Malick Guibril NDIAYE est vacataire formateur en marchés publics à l'Institut Supérieur de Management (ISM). Il a en charge de dérouler le contenu de modules relatifs à la passation des marchés, aux procédures des bailleurs, à l'exécution technique et financière des marchés publics, au contrôle et à l'audit des marchés et au " Partenariat public privé".

Plus d'une centaine de spécialistes en passation de marchés confirmés, pour lesquels il a participé à leur formation, sont en service dans au niveau de projets et programmes de l'Administration sénégalaise et des autres pays de la sous-région, mais aussi et des institutions sous régionales (BCEAO, BAD et CEDEAO).

****** *****

PRÉSENTATION DE L'OUVRAGE

A QUI CET OUVRAGE EST-IL DESTINE ?

L'objectif de cet ouvrage ne consiste pas à analyser tous les cas qui peuvent se présenter, mais à apporter à travers les explications fournies, des réponses simples aux questions fondamentales que peuvent se poser, des intervenants, tout au long des processus de préparation, de passation et d'exécution des marchés.

Cet ouvrage est un recueil de bonnes pratiques destiné aux Autorités contractantes et autres praticiens, c'est-à-dire à ceux qui, effectivement sont actifs dans les marchés, mais ne disposent pas de toutes les compétences pour, mener à bien leurs projets d'acquisition. Il s'adresse dans une moindre mesure, aux spécialistes qui n'y trouveront pas les réponses aux questions précises qu'ils peuvent se poser.

Cet ouvrage ne concerne pas certaines catégories de la commande publique faisant appel à des procédures lourdes ; il y est traité la « passation de marchés courants » intéressant l'immense majorité des personnes qui s'initient à cette discipline. Il y est aussi fait cas des causes d'échecs ainsi que les principales conditions à réunir pour assurer une bonne mise en œuvre de la passation des marchés.

COMMENT IL EST ORGANISÉ ?

Cet ouvrage est présenté en huit tomes que sont :

1. Les prérequis pour la passation des marchés et les procédures prévues;
2. La passation des marchés de travaux, de fournitures et prestations physiques ;
3. Les marchés de prestations intellectuelles ;
4. L'exécution technique des marchés ;
5. L'exécution financière des marchés ;
6. L'archivage des marchés ;
7. Le Contrôle et l'Audit des marchés.
8. La passation des marchés communautaires.

Ce découpage a été fait dans le souci de mieux cerner les marchés, en présentant le Système et les procédures prévues, le processus de passation qui comprend l'expression des besoins, l'appel, la mise en concurrence et l'attribution des marchés, leur exécution.

Mais aussi, les aspects collatéraux de la passation et qui démontrent la pertinence et la véracité des actions entreprises (archivage, contrôle et audit) sont aussi passés en revue. Dans ce qui suit, il est fait une brève présentation des questions développées au niveau du tome 4.

Présentation du Tome 8

Le chapitre 1 du Tome 8 donne la définition et la terminologie des mots et termes utilisés dans la passation des marchés des Collectivités territoriales et organisations collectives de base.

Le chapitre II traite du cadre réglementaire des marchés publics pouvant faciliter le développement à la base en insérant dans les principes directeurs de la commande publique, pour le Collectivités territoriales et Organisations collectives de base participation et simplicité.

Une première partie est réservée à la passation de marchés de travaux et de fournitures du fait de la similitude dans les procédures. Il y est déroulé en quatre chapitres toute la procédure de l'expression du besoin à l'attribution du marché.

Les procédures simplifiées sont naturellement en vedette ; cependant pour les travaux il a été déroulé la procédure d'appel d'offres ouvert. Pour chaque procédure, il a été fourni en annexe, les lettres administratives et autres modèles de documents qui accompagnent la passation des marchés.

La deuxième partie est consacrée à la sélection de prestataires intellectuels.

Un premier chapitre donne les généralités sur la sélection de prestataires intellectuels (notamment leur objet, les raisons pour y recourir).

Le chapitre II décline la méthode pour s'attacher les services de prestataires ou consultants individuels, il y est également proposé des outils pour encadrer la procédure (fiche de notation, modèle de CV, etc.)

Le chapitre III aborde la méthode de recrutement des bureaux d'études et donne un cadre pour l'élaboration des termes de références et l'évaluation des propositions. Pour les négociations conduisant à la conclusion du contrat, il est exposé les techniques de négociation.

La troisième partie est réservée exclusivement à des annexes : modèles de procès-verbaux cadre de rapports, modèle de lettres administratives pour invitation, notification, mise en demeure, résiliation etc…

Comment peut-on l'utiliser ?

On peut utiliser cet ouvrage de plusieurs façons :

- en faire une lecture exhaustive, du début à la fin, méthode fastidieuse, qui ne présente que peu d'intérêt, mais permet d'avoir une vue d'ensemble sur la passation des marchés ;
- rechercher dans chaque sommaire les pages en rapport avec une question que l'on se pose ;
- rechercher dans les approches proposées un chapitre, une page ou un ensemble de paragraphes avec des éléments de réponse.

QUELLE EST SON AMBITION ?

Ce tome dernière d'une série de huit a pour ambition de mettre à la disposition des acteurs des marchés publics ayant des aspects communautaires, des informations et clarifications, permettant d'organiser au mieux la conduite des processus de passation d'exécution et d'archivage avec comme point de mire la transparence, l'efficience et l'efficacité. Il s'agit donc de mettre à disposition des informations et des repères pour mener à bien une passation de marchés, sans se perdre dans les méandres d'une réglementation, extrêmement complexe. Son ambition s'arrête là.

**** ***

TABLE DES MATIÈRES

CHAPITRE 0
DÉFINITIONS ET TERMINOLOGIE DE MOTS DANS LES MARCHÉS DES COLLECTIVITÉS TERRITORIALES

Le secteur des marchés publics est un domaine particulier qui contient beaucoup de termes techniques. Connaître le sens des mots ou termes employés est fondamental.

Les termes utilisés peuvent ou font parfois l'objet d'interprétations divergentes et de discussions interminables lors de la passation ou au moment de la réception des prestations, d'où l'intérêt de les définir de la manière la plus pointue possible, pour qu'ils s'appliquent correctement à l'ensemble des pièces du marché.

Ce chapitre met à disposition un glossaire pour la maîtrise du vocabulaire utilisé ; il est organisé de manière à permettre de trouver rapidement un terme, grâce à une indexation par ordre alphabétique.

1.1.1 « Acompte «

Le terme « Acompte » une notion financière, qui constitue le règlement partiel des prestations déjà exécutées et figurant dans le décompte, acquis de droit avec un versement obligatoire pour tout service fait.

1.1.2 « Acte d'engagement ».

Le terme « Acte d'engagement » désigne la pièce fondamentale d'un marché, qui consacre l'échange de consentements des parties et la démonstration de leur accord sur l'objet, le contenu et le prix de la prestation objet du marché.

1.1.3 « Appel d'offres ».

Le terme « Appel d'offres » désigne la procédure par laquelle, une Collectivité territoriale choisit, sans négociation, une offre qui répond à tous les critères de soumission et pour laquelle le soumissionnaire satisfait aux critères de qualification.

1.1.4 « Appel d'offres restreint ».

Le terme « Appel d'offres restreint » désigne la procédure par laquelle la Collectivité territoriale consulte après autorisation de la Direction du Contrôle des marchés (DCMP), les Candidats de son choix et retient, après mise en concurrence le soumissionnaire sur la liste restreinte qui a présenté la meilleure offre conforme et moins-disant.

1.1.5 « Appui budgétaire ».

Le terme « Appui budgétaire » désigne la modalité de mise en œuvre de financements extérieurs, qui consiste à appuyer la stratégie de croissance d'un pays en apportant des ressources supplémentaires au budget national, à travers des transferts de fonds, sur le compte du trésor public.

1.1.6 « Assistant au Maître d'ouvrage (AMO) »

Le terme « Assistant au Maître d'ouvrage (AMO) » désigne le spécialiste qui apporte ses compétences au Maître d'ouvrage afin de lui permettre d'assumer ses propres obligations.

1.1.7 « Attachements »

Le terme « Attachements » désigne les relevés écrits ou graphiques, réalisés au cours des travaux, généralement de manière quotidienne, servant à l'établissement de mémoires, en particulier dans les cas où la vérification ultérieure de ces travaux serait impossible.

1.1.8 « Attributaire »

Le terme « attributaire » désigne le soumissionnaire dont l'offre a été retenue avant l'approbation du marché par la commission des marchés et confirmée par la Personne responsable des marchés publics.

1.1.9 « Autorité contractante »

Le terme « Autorité contractante » désigne la personne morale, le service ou l'organisme de droit public ici la Collectivité territoriale à la base des processus de marchés publics.

1.1.10 « Autorité de Régulation des marchés publics »

Le terme « Autorité de Régulation des marchés publics (ARMP) » désigne l'instance chargée notamment d'analyser et diffuser les informations sur la commande publique et proposer des adaptations à la réglementation des marchés publics.

1.1.11 « Avance »

Le terme « Avance » est le mécanisme de préfinancement octroyé par la Collectivité territoriale en dérogation à la règle du « service fait », indépendamment des prestations effectuées par le titulaire du marché, si un document contractuel en prévoit les modalités d'octroi et de remboursement.

1.1.12 « Avis d'appel à candidatures »

Le terme « Avis d'appel à candidatures (AAC) » signifie l'avis spécifique destiné à informer les Candidats potentiels de la possibilité de déposer un dossier de candidature en vue de leur pré qualification.

1.1.13 « Avis d'appel d'offres ouvert »

Le terme « Avis d'appel d'offres ouvert (AAO) » signifie l'avis spécifique d'appel à la concurrence publié conformément au modèle dans les différents Dossiers types de travaux, de fournitures et de services pour informer les Candidats.

1.1.14 « Avis général de passation de marchés »

Le terme « Avis général de passation des marchés » désigne le moyen par lequel, la Collectivité territoriale fait connaître, par le canal d'une publicité, les caractéristiques essentielles des marchés de travaux, fournitures, de services physiques et de prestations intellectuelles à passer au cours d'une année.

1.1.15 « Avis de non-objection »

Le terme « Avis de non-objection » signifie que la structure chargée de la vérification d'un dossier qui lui est soumis ; au cours d'une étape du processus de passation de marchés ; n'a pas trouvé d'argument qui pourrait invalider, ce qui y est exposé.

1.1.16 « Bon de commande »

Le terme « **Bon de commande** » désigne le document écrit adressé par la Collectivité territoriale au titulaire du marché pour préciser les prestations décrites dans le marché et les quantités dont l'exécution est demandée. Les bons de commande sont des modalités d'exécution, mais ne constituent pas eux-mêmes des marchés.

1.1.17 « Bordereau de livraison »

Le terme « Bordereau de livraison » est le document, établi par le titulaire du marché à la préparation de la livraison qui donne le détail des marchandises à livrer (nature, référence, quantité). Il est remis à la Collectivité territoriale ou à toute autre personne désignée par cette dernière pour faire le point des fournitures reçues et le signer, en cas d'adéquation entre la commande et la livraison.

1.1.18 « Cahier des clauses administratives générales »

Le terme « Cahier des clauses administratives générales (CCAG) » désigne le recueil de clauses contenant des clauses juridiques, administratives et financières applicables à tous les marchés publics de même nature, ou d'un même secteur d'activité.

1.1.19 « Cahier Clauses Administratives Particulières »

Le terme « Cahier des clauses administratives particulières (CCAP) » désigne le recueil de clauses pour préciser ou déroger aux stipulations du Cahier des clauses administratives générales (CCAG) auquel il fait référence.

1.1.20 « Cahier des clauses techniques générales »

Le terme « Cahier des clauses techniques générales (CCTG) » désigne les stipulations techniques applicables à tous les marchés publics d'une même nature, ou d'un même secteur d'activité.

1.1.21 « Cahier des clauses techniques particulières »

Le terme « Cahier des clauses techniques particulières (CCTP) » désigne la pièce constitutive et contractuelle d'un marché public, élaborée en amont de la procédure, à laquelle le soumissionnaire adhère sans condition ni réserve lorsqu'il fait une offre.

1.1.22 « Cahier des prescriptions communes »

Le terme « Cahier des prescriptions communes (CPC) » signifie l'ensemble des clauses techniques qui s'appliquent aux travaux, fournitures ou services de même nature.

1.1.23 « Cahier des prescriptions spéciales »

Le terme « Cahier des prescriptions spéciales (CPS) » signifie l'ensemble des documents, comprenant le Cahier des clauses administratives particulières et les Spécifications techniques, faisant partie du Dossier d'appel d'offres et des pièces du Marché.

1.1.24 « Candidat »

Le terme « Candidat » désigne indifféremment toute personne physique ou morale privée ou publique gérée suivant les règles commerciales privées et jouissant d'une autonomie financière, qui participe à une procédure de sélection en vue de se voir attribuer un marché public.

1.1.25 « Cellule de passation des marchés »

Le terme « Cellule de passation des marchés » désigne l'organe dont les membres sont désignés par la Collectivité territoriale et qui est chargée de veiller sur la qualité des dossiers de passation des marchés ainsi qu'au bon fonctionnement de la commission des marchés.

1.1.26 « Code des marchés publics »

Le terme « Code des marchés publics » désigne le « recueil d'articles » qui constitue la base juridique utilisée pour encadrer les procédures relatives à la conclusion des marchés publics de travaux, de fournitures ou de prestations de services physiques ou prestations de services intellectuels et se prémunir des risques pouvant être engendrés au cours de l'exécution ou lors de l'extinction des relations contractuelles générées.

1.1.27 « Comité de construction »

Le terme « Comité de construction » désigne le collectif de trois à quatre personnes choisies pour le suivi des travaux d'infrastructures au sein de la Collectivité territoriale.

1.1.28 « Commande publique »

Le terme « commande publique » désigne l'ensemble des contrats passés par l'Etat pour satisfaire ses besoins tels que les marchés publics, les délégations de services publics, les contrats de partenariat public/privé.

1.1.29 « Commission de passation des marchés publics »

Le terme « Commission de passation des marchés publics » désigne l'organe dont les membres sont désignés annuellement par la Collectivité territoriale et qui sont chargés de l'ouverture des plis, l'évaluation et le classement des offres.

1.1.30 « Confidentialité »

Le terme « Confidentialité » désigne la stricte observation des recommandations de la Charte d'éthique et de transparence, qui voudrait qu'aucun renseignement concernant l'évaluation des offres et les recommandations d'attribution ne puisse être communiqué aux Candidats ayant soumis une offre tant que l'attribution provisoire n'a pas été publiée.

1.1.31 « Contrôle a priori »

Le terme « Contrôle a priori » désigne la vérification préalable des processus de passation des marchés.

1.1.32 « Contrôle a posteriori »

Le terme « Contrôle a posteriori » désigne la vérification de la validité des processus antérieurs menés pour la conclusion d'un marché.

1.1.33 « Corruption »

Le terme « Corruption » désigne le fait d'offrir, de solliciter ou d'accepter, directement ou indirectement, un avantage en vue d'influencer l'action d'un agent public lors de la passation ou de l'exécution d'un marché.

1.1.34 « Décompte »

Le terme « Décompte » est un document administratif établi par le Maître d'œuvre sur la base des attachements ; il fixe le total des sommes cumulées auxquelles le titulaire de marché peut prétendre, du fait de l'exécution des opérations réalisées antérieurement et matérialisées par les visas réglementaires prévus à cet effet.

1.1.35 « Décompte définitif »

Le terme « Décompte définitif » est le document administratif contradictoire établi après l'achèvement des travaux, pour déterminer le restant des sommes dues, en tenant compte des acomptes payés et des éventuelles pénalités.

1.1.36 « Détermination préalable des besoins »

Le terme « Détermination préalable des besoins » désigne la définition précise de la qualité des prestations à obtenir, le contexte dans lequel ces prestations doivent pouvoir être assurées, les quantités souhaitées et une bonne appréhension des services associés afin de déterminer le coût global de la prestation.

1.1.37 « Délais »

Le terme « Délais » désigne le temps exprimé en jours calendaires accordé du début d'un processus à sa finalisation.

1.1.38 « Demande de clarifications »

Le terme « Demande de clarifications » désigne la saisine, du soumissionnaire, faite pendant la période d'évaluation des offres, aux fins de clarifier certains composants de son offre ou communiquer des détails permettant de l'expliquer avec une plus grande exactitude.

1.1.39 « Demande d'éclaircissements »

Le terme « Demande d'éclaircissements » désigne la saisine de la Collectivité territoriale faite par un Candidat, aux fins de recevoir des explications nécessaires sur certaines dispositions du Dossier d'appels d'offres ou pour des renseignements complémentaires.

1.1.40 « Demande de propositions »

Le terme « Demande de propositions » désigne le document contenant les informations permettant à des bureaux études (cabinets de consultants) de participer à des marchés de prestations intellectuelles.

1.1.41 « Direction du Contrôle des marchés publics »

Le terme « Direction du Contrôle des marchés publics » désigne le service en charge de la vérification du processus de passation des marchés.

1.1.42 « Données particulières de l'appel d'offres »

Le terme « Données particulières de l'appel d'offres (DPAO) » signifie les données complétant ou modifiant les clauses des Instructions aux Candidats à la réalisation de marchés de fournitures, services ou travaux, qui font partie du Dossier d'appel d'offres.

1.1.43 « Dossier d'appel à candidatures »

Le terme « Dossier d'appel à candidatures » signifie le dossier élaboré par la Collectivité territoriale contenant les informations destinées à permettre à des Candidats de remettre leur dossier de candidature en vue fournir un bien ou un service ou d'exécuter des travaux.

1.1.44 « Dossier d'appel à la concurrence »

Le terme « **Dossier d'appel à la concurrence** » désigne l'ensemble des documents écrits (administratifs, techniques) permettant à un Candidat de répondre à l'appel à la concurrence par une offre.

1.1.45 « Dossier de consultation »

Le terme « Dossier de consultation » désigne l'ensemble remis aux concurrents comprenant : l'Acte d'engagement, le CCAP, le CCTP et le cadre de réponse à compléter par les Candidats ainsi que toute pièce pour la compréhension du dossier..

1.1.46 **« Engagement »**

Le terme « Engagement » désigne l'acte par lequel une Collectivité territoriale crée ou constate à son égard une obligation de laquelle découle une dette soumise à une double légalité budgétaire et juridique.

1.1.47 **« Entente directe »**

Le terme « Entente directe » désigne la procédure suivant laquelle une Collectivité territoriale engage directement des discussions avec un Candidat identifié à l'avance et envisage que lui soit attribué le Marché.

1.1.48 **« Entrepreneur »**

Le terme **« Entrepreneur** » désigne la personne physique ou morale de droit privé qui passe le contrat avec la Collectivité territoriale de la Collectivité territoriale c'est-à-dire avec le Maître d'ouvrage.

1.1.49 **« Exécution d'un marché public »**

Le terme « Exécution d'un marché public » désigne la mise en œuvre des activités pour la réalisation des prestations retenues au contrat et la gestion des implications et incidences administratives, financières et techniques provenant de phénomènes prévisibles ou non.

1.1.50 **« Entreprise territoriale »**

Le terme "Entreprise territoriale" désigne une entreprise dont le siège social est situé dans la zone de la Collectivité territoriale

1.1.51 **« Financement conjoint »**

Le terme « Financement conjoint » désigne les ressources mises en commun par des financiers, en utilisant des règles communes pour des acquisitions de biens, travaux, prestations physiques ou intellectuelles.

1.1.52 **« Financement direct »**

Le terme « Financement direct » désigne les ressources budgétaires mises à disposition de l'Administration publique et qui sont collectées à partir des taxes et autres redevances payées à la collectivité territoriale.

1.1.53 **« Financement des marchés »**

Le terme « Financement des marchés » désigne les ressources financières mises à la disposition de l'Administration publique pour satisfaire des besoins en travaux, fournitures, prestations de services courants ou en prestations intellectuelles, écarter des contraintes au développement et participer à la conservation des ressources naturelles.

1.1.54 **« Financement parallèle »**

Le terme « Financement parallèle » désigne l'ensemble des ressources financières octroyées par plusieurs financiers, en vue de participer à la réalisation des activités prévues dans des composantes de programmes ou projets, chaque bailleur utilisant ses propres règles d'acquisition.

1.1.55 « Fournitures »

Le terme « Fournitures » désigne des biens de toutes sortes y compris des mobiliers des matières premières, produits, équipements, ou objets sous forme solide, liquide ou gazeuse, y compris l'acquisition desdits biens et les services accessoires à la fourniture des biens, si la valeur des services ne dépasse celle des biens.

1.1.56 « Garantie de soumission »

Le terme « Garantie de soumission » est la sécurité fixée dans le Dossier d'Appel d'offres par la Collectivité territoriale, en fonction de l'importance du marché pour une valeur absolue, comprise entre un et trois pour cent (1 et 3%) du montant prévisionnel ou estimé du marché.

1.1.57 « Garantie de restitution d'avance »

Le terme « Garantie de restitution d'avance » désigne la couverture bancaire égale à l'avance consentie que la Collectivité territoriale, pour se prémunir par rapport à une rupture prématurée du contrat, demande au titulaire du marché de lui fournir.

1.1.58 « Imprévu »

Le terme « Imprévu » désigne en passation des marchés tout événement non prévisible dû à un phénomène extérieur ou inconnu au moment des faits.

1.1.59 « Instructions aux Candidats »

Le terme « Instructions aux Candidats » (IC) est la première section des Dossiers types d'appel à la concurrence qui a pour objet d'indiquer aux Candidats les règles générales à suivre pour préparer et dépose, des offres conformes aux conditions fixées dans le Dossier de concurrence.

1.1.60 « Jour »

Le terme « Jour » signifie un jour calendaire. Sauf précision, les délais exprimés dans les marchés publics sont décomptés en jours calendaires commençant le premier jour à minuit et se terminant le dernier jour à zéro (0) heure.

1.1.61 « Lot »

Le terme « lot » désigne l'unité autonome (des prestations distinctes) de travaux, fournitures, services ou prestations intellectuelles pouvant être attribuée séparément et faire l'objet d'un marché.

1.1.62 « Livraison »

Le terme « Livraison » désigne l'acte par lequel le titulaire du marché remet les fournitures, biens ou équipements à la Collectivité territoriale.

1.1.63 « Mainlevée »

Le terme « Mainlevée » désigne l'acte juridique par lequel la Collectivité territoriale déclare renoncer à une mesure conservatoire portant sur un marché, généralement après avoir été remboursée ou les travaux, fournitures, services physiques ou prestations intellectuelles exécutés à sa pleine satisfaction.

1.1.64 « Maître d'œuvre »

Le terme « Maître d'œuvre » ou Ingénieur-Conseil est la personne physique ou morale possédant des compétences techniques pour effectuer, au nom de la Collectivité territoriale, des études, établir les Dossiers d'Appel à la concurrence, assister au dépouillement des offres, assurer le suivi des travaux jusqu'à la réception provisoire et définitive.

1.1.65 « Maître d'ouvrage »

Le terme « Maître d'ouvrage » désigne la Collectivité territoriale qui signe le marché de travaux, le Maire de la Collectivité territoriale (MCT).

1.1.66 « Marchés à prix forfaitaires »

Le terme « Marché à prix forfaitaires » désigne les marchés ou le prix global fixé à l'avance est réputé comprendre toutes les dépenses résultant de toutes sujétions prévisibles pour son exécution totale.

1.1.67 « Marchés à prix unitaires »

Le terme « Marché à prix unitaires » désigne le marché dont le prix résulte de l'application des prix aux quantités livrées ou exécutées.

1.1.68 « Nature d'ouvrage »

Le terme, « Nature d'ouvrage » peut être défini comme les ouvrages inscrits au bordereau sous le même numéro et rémunérés au moyen du même prix.

1.1.69 « Offre »

Le terme « **Offre** » désigne l'ensemble d'éléments constituant la réponse d'un Candidat à un Appel à la concurrence qui prend alors le nom de Soumissionnaire.

1.1.70 « Opérations préalables à la réception »

Le terme, « Opérations préalables à la réception », est la rencontre au cours de laquelle, le Maître d'ouvrage vérifie la qualité apparente du travail fourni et exige des réfections si les travaux ne sont pas conformes aux stipulations du marché ou ne sont pas exécutés suivant les règles de l'art.

1.1.71 **<u>« Opération de travaux »</u>**

Le terme, « Opération de travaux » désigne la valeur globale des travaux se rapportant à une même opération caractérisée par son unité fonctionnelle, technique ou économique, à mettre en œuvre dans une période de temps et un périmètre limité, que celle-ci comporte un ou plusieurs ouvrages.

1.1.72 **<u>« Ordre de service »</u>**

Le terme, « Ordre de service » désigne toute instruction écrite donnée par le Maître d'œuvre, le Maître d'ouvrage délégué, ou le Maître d'ouvrage au titulaire du marché public pour préciser les modalités d'exécution, de tout ou partie, des prestations objet du marché.

1.1.73 **<u>« Ouvrage »</u>**

Le terme « Ouvrage » désigne le résultat d'un ensemble de travaux de bâtiments ou de génie civil destinés à remplir par lui-même une fonction économique ou technique.

Il peut comprendre notamment des opérations de construction, de reconstruction, de démolition, de réparation ou de rénovation, de préparation du chantier, les travaux de terrassement, la construction, l'installation d'équipement ou de matériel, la décoration et la finition ainsi que les services accessoires aux travaux si la valeur de ces services ne dépasse pas celle des travaux.

1.1.74 **<u>« Passation des marchés publics »</u>**

Le terme « Passation des marchés publics » désigne le processus d'acquisition de biens, de travaux, de services physiques ou de prestations intellectuelles résultant de l'attribution de contrats aux termes desquels des paiements sont effectués suivant les règles des finances publiques.

1.1.75 **<u>« Paiement »</u>**

Le terme, « Paiement » désigne l'acte par lequel une Collectivité territoriale s'acquitte par un versement effectué soit par acompte, soit par solde sur la base d'un décompte ou d'une facture liquidés pour se libérer de sa dette.

1.1.76 **<u>« Pièces constitutives du marché »</u>**

Le terme, « Pièces constitutives du marché » désigne l'ensemble des documents comprenant : la lettre de notification de l'attribution, l'Acte d'engagement et ses annexes, la soumission et ses annexes, les plans, Bordereau des prix et Détail quantitatif et estimatif, les Cahiers des clauses administratives particulières (CCAP) et les Cahiers des clauses administratives générales (CCAG) les actes spéciaux antérieurs à la notification du marché.

1.1.77 « Pièces contractuelles du marché »

Le terme, « Pièces contractuelles du marché » désigne l'ensemble des documents constituant le marché comprenant : la Lettre de notification de l'attribution, l'Acte d'engagement dûment signé, la soumission et ses annexes, les Cahiers des clauses administratives particulières (CCAP) et les Cahiers des clauses administratives générales (CCAG), Cahiers des clauses techniques particulières (CPTP), les plans, notes de calculs, cahier des sondages, dossier géotechnique.

1.1.78 « Pénalités de retard »

Le terme « Pénalités de retard » peut être défini comme les amendes prévues au contrat et qui sont appliquées obligatoirement et sans mise en demeure préalable, sur les sommes dues au titulaire d'un marché, par simple confrontation de la date d'expiration des délais contractuels d'exécution et de la date de réception.

1.1.79 « Personne responsable des marchés publics »

Le terme « Personne responsable des marchés publics (PRMP) » désigne la personne chargée de conduire la procédure de passation, de signer le marché au nom de la collectivité territoriale.

1.1.80 « Planification des marchés »

Le terme « Planification des marchés » désigne le processus par lequel la Collectivité territoriale définit le chronogramme de chacune des étapes de la passation des différents marchés de fournitures, travaux, services physiques ou de prestations intellectuelles en tenant compte de la charge de travail de chacun des services ou directions concernés et des contraintes réglementaires, logistiques ou politiques.

1.1.81 « Plan de passation des marchés »

Le terme « Plan de passation des marchés » désigne le document obligatoire élaboré par la Collectivité territoriale, qui pour promouvoir la concurrence, fait connaître, par le canal d'une programmation, les informations essentielles sur les marchés de travaux, de fournitures, de services physiques et de prestations intellectuelles à passer au cours d'une année afin, de tenir informés les Candidats des opportunités offertes.

1.1.82 « Plan de récolement »

Le terme, « Plan de récolement » désigne le plan obligatoire qui intervient à la fin d'un chantier afin de vérifier les travaux réalisés. Il est fait à l'achèvement des travaux de construction dans le but de vérifier la conformité des travaux réalisés par rapport au plan initial et les travaux différents de ce qui a été prévu au départ.

1.1.83 « Post qualification »

Le terme « Post qualification » désigne, l'évaluation effectuée par la Collectivité territoriale à la suite de celle des offres et avant l'attribution du marché afin de s'assurer que le Candidat ayant soumis l'offre évaluée la moins chère est en mesure d'exécuter le marché conformément aux critères arrêtés au préalable.

1.1.84 « Pratiques coercitives »

Le terme « Pratiques coercitives » désigne les préjudices ou les menaces de préjudices portés directement ou indirectement à des personnes ou à leurs biens en vue d'influer sur leur participation au processus de passation des marchés ou d'affecter l'exécution du marché.

1.1.85 « Pratiques collusoires »

Le terme « Pratiques collusoires » désigne les actes nés d'un arrangement entre des Candidats à un marché public, la Collectivité territoriale en étant informée ou non, destinés à fixer les prix des prestations à des niveaux souvent élevés et non concurrentiels.

1.1.86 « Prestations intellectuelles ou marchés de consultants »

Le terme « Prestations intellectuelles » désigne les prestations réalisées grâce à une démarche rationnelle de l'esprit axée sur la réflexion et l'imagination créative à partir de cahiers de charges indiquant le budget, la contrainte temporelle pour le dépôt des livrables, présentant, des situations, des solutions, ou des orientations permettant à la Collectivité territoriale l'identification et la validation des meilleures alternatives.

1.1.87 « Prestations de services physiques »

Le terme « services physiques courants » désigne une grande variété de prestations, telles que les services d'entretien, de réparation de matériels, de gardiennage, de transports, de nettoyage, etc.

1.1.88 « Procédure de marché public »

Le terme « Procédure de marché public » désigne l'ensemble des mesures d'ordre réglementaire à suivre pour mettre en concurrence des Candidats sans laisser intervenir, des considérations politiques ou extra économiques, mais en tenant compte des aspects économiques qui régissent la commande publique.

1.1.89 « Procédure prévue au Code des marchés »

Le terme « Procédure prévue au Code des marchés ou PPCM » désigne l'ensemble de règles établies par un code des marchés publics, ainsi que les règles à respecter, pour la conclusion et l'exécution d'un marché.

1.1.90 « Procédure ouverte »

Le terme « Procédure ouverte » est la procédure qui consiste à laisser à tout Candidat éligible la possibilité de déposer une offre.

1.1.91 « Procédure de passation de marchés »

Le terme « Procédure de passation de marchés » désigne l'ensemble des processus conduisant à la conclusion d'un contrat et prend la dénomination de « Passation de marchés publics » lorsque les ressources de l'Etat financent cette acquisition.

1.1.92 « Procédure restreinte »

Le terme « Procédure restreinte » consiste à ne laisser qu'aux Candidats sélectionnés la possibilité de déposer une offre.

1.1.93 « Réception définitive de travaux »

Le terme, « Réception définitive de travaux » désigne l'acte par lequel le Maître d'ouvrage (la Collectivité territoriale) reconnaît, un an après la réception provisoire, que les travaux ont été exécutés conformément aux contrats d'entreprises, que leur mise en œuvre obéit aux règles de l'art et à leur destination.

1.1.94 « Réception provisoire de travaux »

Le terme, « Réception provisoire de travaux » désigne l'acte par lequel le Maître d'ouvrage déclare accepter l'ouvrage, avec ou sans réserve, et constate que l'Entreprise titulaire du marché public a accompli ses engagements contractuels.

1.1.95 « Réception de biens »

Le terme, « Réception de biens » est l'acte par lequel la Collectivité territoriale déclare accepter les fournitures et biens reçus avec ou sans réserve directement des mains du livreur du titulaire du marché.

1.1.96 Réception de prestations intellectuelles

Le terme, « Réception de prestations intellectuelles » désigne l'acceptation, des livrables remis par le Consultant à la Collectivité territoriale, à la suite à des discussions techniques menées en fonction des orientations et des indications prévues par les termes de référence par un Comité de validation chargé d'approuver le travail soumis.

1.1.97 « Recours contentieux »

Le terme « Recours contentieux » désigne l'action menée par un Candidat à un marché public en direction de la Collectivité territoriale auprès de l'Autorité de régulation des marchés publics en vue de régler un contentieux né au cours des processus de passation ou d'exécution.

1.1.98 « Recours gracieux »

Le terme « Recours gracieux » désigne l'action menée par Candidat à un marché public en direction de la Collectivité territoriale en vue de faire une réclamation sur le processus de passation de marchés.

1.1.99 « Redevance de régulation »

Le terme « Redevance de régulation » désigne le pourcentage du montant du Marché dû par le titulaire à l'Autorité de Régulation des marchés publics.

1.1.100 « Retenue de garantie »

Le terme « Retenue de garantie » est le montant constitué par les différentes ponctions effectuées par la Collectivité territoriale lors des paiements d'acomptes pour couvrir les réserves éventuellement formulées à la réception des travaux, fournitures ou services.

1.1.101 « Secrétaire de la Collectivité territoriale »

Le terme « Secrétaire de la Collectivité territoriale » désigne la personne recrutée par la Collectivité territoriale ou mise à la disposition du Maire de la Collectivité territoriale, pour assurer, le suivi et la coordination de l'action des services extérieurs de l'Etat; l'organisation, l'impulsion et la coordination des services, le suivi de la gestion financière des activités de la Collectivité territoriale ; la rédaction des procès-verbaux de délibération, assistance au Maire dans la préparation et la présentation du budget, du compte administratif et de tous autres actes de gestion.

1.1.102 « Seuil de passation de marchés »

Le terme « seuil de passation de marchés » désigne le niveau de ressources financières exprimé en chiffres, qui constitue une limite pour déclencher une des procédures de passation prévues.

1.1.103 « Soumission »

Le terme « Soumission » désigne l'acte d'engagement écrit au terme duquel un Candidat fait connaître ses conditions et s'engage à respecter les cahiers des charges applicables.

1.1.104 « Soumissionnaire »

Le terme « Soumissionnaire » désigne le Candidat ayant déposé un pli aux date et heure limites de dépôt des offres pour participer à la concurrence.

1.1.105 « Spécifications techniques »

Le terme « Spécifications techniques » désigne les caractéristiques requises d'un matériau, d'une fourniture ou d'un service pour que ceux-ci répondent à l'usage auquel ils sont destinés.

1.1.106 **« Titulaire »**

Le terme « titulaire » désigne la personne physique ou morale retenue au terme du processus de passation et d'approbation d'un marché et qui a en charge son exécution.

1.1.107 **« Travaux »**

Le terme « Travaux » désigne toutes les opérations de construction, reconstruction, démolition, réparation ou rénovation de tout bâtiment ou ouvrage, y compris la préparation du chantier, les travaux de terrassement, l'installation d'équipements ou de matériels, la décoration et la finition.

**** ****

PREMIÈRE PARTIE

PRE-REQUIS EN PASSATION DE MARCHÉS DES COLLECTIVITÉS TERRITORIALES ET ORGANISATIONS COLLECTIVES DE BASE

**** ***

CHAPITRE I
CADRE RÈGLEMENTAIRE DES MARCHÉS DE DÉVELOPPEMENT A LA BASE.

La passation des marchés pour le développement à la base doit être simple, mais doit être en même temps transparente, pour permettre une saine concurrence entre les fournisseurs et faciliter un contrôle social de la sélection des entrepreneurs, fournisseurs et prestataires de service, et de l'utilisation des fonds issus du budget ou d'autres bailleurs.

Le cadre réglementaire des marchés de développement à la base ne doit pas s'écarter guère des dispositions des Codes de marchés.

Les règles de passation des marchés doivent reposer sur les principes de concurrence, de liberté d'accès à la commande publique, d'égalité de traitement des Candidats, d'économie et d'efficacité du processus d'acquisition et de transparence dans l'application des procédures.

Ces principes s'appliquent à tous les achats faits par les collectivités territoriales et organisations collectives de base, sous la tutelle de ces mêmes collectivités, quels que soient leurs montants et sources de financement dès lors qu'ils sont inscrits au budget de l'Etat ou dans les budgets des autres entités.

2.1 PRINCIPES DIRECTEURS.

La passation des marchés repose sur des principes qui ont pour objectif commun la recherche de l'offre apte à satisfaire pleinement les besoins exprimés par la Collectivité territoriale.

Quatre principes directeurs représentent la base philosophique des règles de passation des marchés publics seront à la base de tout processus ; qu'il s'agisse de préparation passation ou exécution.

Le Principe de la transparence avec une application équitable et rigoureuse des procédures prévues comme base pour la passation, l'évaluation, la décision d'attribution avec information des Candidats.

Le Principe de non-discrimination principe fondamental en passation des marchés publics qui requiert l'égalité de traitement des Candidats (y compris l'impartialité).

Le principe de la concurrence efficace qui requiert l'acquisition de prestations dont on a besoin ; et le respect des délais prescrits par la réglementation des marchés publics.

Le Principe de l'économie évoque une utilisation parcimonieuse des deniers publics « comme le ferait un bon père de famille ».

Outre ces principes directeurs classiques qui régissent la passation des marchés, un nombre de facteurs de base devra être tenu en considération pour plus d'efficience au niveau des collectivités territoriales.

2.1.1 La Participation

Le développement territorial ne peut avoir lieu que si les bénéficiaires (Collectivités territoriales, villages ou groupement villageois ou autres organisations communautaires de base (OCB), sont responsables de leur développement, l'Administration ne jouant qu'un rôle de facilitation.

Une participation sérieuse doit commencer au stade de conception, mais également de l'exécution du projet – notamment lors de la passation des marchés.

Cela ne veut pas dire que tout le travail devra être réalisé par la population. Cela se fera avec leurs représentants au niveau de la Collectivité territoriale, pour ensuite être correctement.

Conseils et assistance peuvent leur être offerts par les structures décentralisées de l'Etat et/ou les Organisations non gouvernementales (ONG) spécialisées ou bureaux d'études.

Outre les décisions concernant le choix des entrepreneurs, fournisseurs et prestataires de service intervenant dans la mise en œuvre de projets ; les bénéficiaires peuvent prendre part à la supervision ou contrôle de l'exécution de projets (notamment veiller à ce que les entrepreneurs ou fournisseurs sélectionnés remplissent les termes des contrats).

Les caractéristiques socioculturelles sont un élément important dans la mesure où elles influent sur la conception des projets à participation communautaire. Les aspects à prendre en compte à cet égard sont, entre autres : (i) le droit à une participation équitable ; (ii) les mécanismes de prise de décision au sein des groupements communautaires et (iii) la contribution équitable de la communauté.

2.1.2 La simplicité

Ce principe découle du précédent. Afin que la participation puisse être garantie, les procédures doivent être assez simples, mais suffisamment détaillées, pour être comprises et appropriées par les bénéficiaires. Ces procédures adaptées et la documentation simple qui les accompagnent sont l'objet de ce présent ouvrage.

Le contrôle de la passation des marchés pourra être fait par les pôles ou structures décentralisées rattachées à la Direction du Contrôle des marchés publics, les approbations ou contrôles de régularité par les autorités administratives déconcentrées. Un contrôle formel est assuré par les membres de la Collectivité territoriale par l'adoption de procédures faisant appel à l'information permanente de ses membres et de ses partenaires privés.

A cet effet une large diffusion de l'information doit être organisée par rapport à la nature, la localisation et le montant des actions envisagées et aux opportunités et des modalités de la compétition et d'attribution de contrats pour la mise en œuvre des projets.

2.2 ACTEURS DES MARCHÉS PUBLICS DANS LES COLLECTIVITÉS TERRITORIALES

2.2.1 Autorité pouvant engager la Collectivité territoriale.

Le Maire de la Collectivité territoriale est l'Autorité habilitée ou la Personne responsable des marchés publics.

Il est donc habilité à signer des marchés au nom et pour le compte de sa Collectivité territoriale et des organisations collectives de base qui sont dans les limites du territoire de sa collectivité ; elles sont vivement encouragées à collaborer avec les autorités pour passer leurs marchés.

Le Maire est aidé dans la passation des marchés par une Cellule des marchés publics et une Commission des marchés publics.

2.2.2 La Cellule des marchés publics de la Collectivité territoriale

La Cellule des marchés publics est une structure au sein de chaque Collectivité territoriale qui a pour mission d'aider à assurer la conformité des dossiers aux procédures de passation des marchés indiquées dans les textes réglementaires ainsi qu'au bon fonctionnement de la Commission de passation des marchés publics de la Collectivité territoriale.

A ce titre, elle est chargée, entre autres :

- de procéder à la revue préalable de tous les actes, soumis à la Collectivité territoriale avant leur transmission à la structure de Contrôle des marchés publics ;
- de donner « avis de non-objection » sur les dossiers qui sont en dessous du seuil de « revue a priori » ;
- d'assurer le secrétariat de la commission des marchés ;
- d'identifier les besoins de formation ;
- de centraliser, de traiter et de conserver les données sur les marchés.

La Cellule des marchés publics (CMP) procède, aussi, au niveau la Collectivité territoriale dont elle relève, à la consolidation des Plans de passation des marchés publics et à l'élaboration des Avis généraux de passation des marchés.

2.2.2.1 Composition- Cellule des marchés publics.

La composition de la Cellule des marchés publics est fonction de la spécificité et de la charge de travail de chaque Collectivité locale.

Quelle que soit sa configuration, le nombre de ses membres (au moins trois) devra comprendre : un membre qui assure le secrétariat au niveau de la Commission de passation des marchés, un assistant et une personne choisie en raison de ses compétences particulières en matière de marchés publics ou qui peut être formée.

Cette personne doit remplir certaines conditions pour occuper la fonction de Responsable de cellule des marchés. La toute première condition est que le Chef de la cellule aie une qualification en rapport avec la mission qui lui est confiée à savoir avoir un certain niveau de qualification d'ordre général (à tout le moins le baccalauréat) et avoir une expérience suffisante de la passation des marchés publics.

Du fait de la sensibilité des missions dévolues à la Cellule des marchés, il est important que tout son personnel signe une déclaration dans laquelle, il indique avoir pris connaissance des dispositions de la Charte d'éthique de transparence ou Déclaration d'intégrité en matière de marchés publics.

Chaque Responsable de Cellule de passation des marchés doit être nommé par un acte approprié.

2.2.2.2 Attributions de la Cellule des marchés.

La Cellule des marchés est un maillon important pour le processus conduisant à la conclusion de contrats de marché public, à travers les différentes activités dont elle est chargée. Ces activités découlent des missions que sont :

- l'examen préalable de tout document à soumettre à la Personne responsable des marchés publics ;
- l'établissement, en début d'année, du plan consolidé de passation des marchés de la Collectivité territoriale ; et l'établissement de l'Avis général de passation des marchés et sa publication ;
- l'insertion des avis et autres documents relatifs aux marchés ;
- le secrétariat de la Commission des marchés ;
- l'appui aux services pour la passation de marchés ;
- la réalisation et la tenue de tableaux de bord sur les délais de mise en œuvre des différentes étapes des procédures de passation des marchés et de réalisation des calendriers d'exécution des marchés ;
- l'identification des besoins en formation ;
- la liaison avec les missions extérieures, notamment celles de contrôle ou d'audit des marchés ;
- l'établissement de rapports trimestriels à l'intention des autorités compétentes pour transmission à la Direction du Contrôle des marchés publics et à l'Autorité de régulation des marchés publics (ARMP) ;
- l'établissement chaque année d'un rapport annuel sur l'ensemble des marchés publics passés l'année précédente ;
- le classement et l'archivage de tous les documents sur les marchés passés par les différents services d'une Collectivité territoriale.

2.2.3 **Composition de** la Commission de passation des marchés de la Collectivité territoriale

La Collectivité territoriale est représentée dans la commission par le représentant du maire qui assure la présidence, trois membres du conseil. Les réunions de la Commission de passation des marchés de la Collectivité territoriale se tiennent en présence du comptable public compétent.

De manière spécifique, la Commission de passation des marchés publics (CPMP) d'une collectivité territoriale devra comprendre :

- Un représentant du Maire;
- Deux Conseillers;
- Le comptable public de la Collectivité territoriale ou son délégué ;
- Un membre de la Cellule de passation des marchés (qui assure le Secrétaire de la Commission de passation des marchés).

2.2.3.1 **Fonctionnement de la Commission des marchés**

La Commission de passation des marchés de la Collectivité territoriale est présidée par le représentant du Maire qui est assisté par un membre de la Cellule des marchés publics qui joue le rôle de secrétaire de séance.

En fonction de l'objet du marché, la Commission des marchés de la Collectivité territoriale peut également s'attacher les compétences de toute personne dont la présence pourrait être utile pour améliorer la qualité du travail lors du dépouillement où à l'évaluation des offres.

La Commission des marchés de la Collectivité territoriale se réunit sur convocation de son Président. Elle ne peut délibérer valablement que si au moins quatre des membres sont présents notamment (le Président de la Commission des marchés publics, le secrétaire de la commune, le comptable public de la collectivité, le percepteur du Trésor public).

La Commission de passation des marchés de la Collectivité territoriale est chargée de la réception de l'ouverture et de l'évaluation des offres concernant des réalisations à exécuter au niveau de la circonscription territoriale (notamment les infrastructures concernant tout ou partie, des agglomérations polarisées).

La Commission de passation des marchés de la Collectivité territoriale soumet ses recommandations d'attribution au Conseil de la Collectivité territoriale.

Au-delà du plancher des procédures d'appel d'offres les dossiers sont soumis au contrôle du pôle régional de la Direction en charge du Contrôle des marchés après avis de la Cellule de passation des marchés compétente.

2.2.4 Les Candidats

Le principe de la libre concurrence stipule que toute personne physique ou morale, jouissant de la capacité de droit commun habilitée à faire acte de commerce, peut contracter avec l'Administration. Sont donc exclus d'office : les mineurs, les sociétés en liquidation, les personnes physiques ou morales en faillite. Ces Candidats doivent prouver du point de vue juridique, technique et financier, leurs aptitudes à exécuter les marchés qu'ils convoitent.

2.2.4.1 La capacité juridique des Candidats

La personne physique ou morale Candidat à un marché doit être en règle avec la réglementation nationale. La capacité juridique est donc une condition d'attribution des marchés publics.

Une soumission ou une offre ne peut être considérée comme valable que si la personne physique qui l'a signée est dûment habilitée à la faire. Le signataire d'une soumission au nom d'une personne morale doit fournir la justification des pouvoirs qui lui permettent d'engager valablement l'entité qu'il représente ; le plus souvent, l'extrait des statuts ou d'une délibération du conseil d'administration de l'Entreprise.

2.2.4.2 La capacité technique des Candidats

Afin d'éviter de porter le choix sur un cocontractant dont les capacités techniques sont insuffisantes par rapport aux prestations objet du marché et dans le respect des obligations contractuelles, tout Candidat devra dans sa réponse à l'appel à la concurrence produire les documents justifiant sa capacité à exécuter le marché –notamment, ses moyens en matériel et personnel et les prestations de même nature déjà exécutées.

2.2.4.3 La capacité financière des Candidats

Pour apprécier les capacités financières d'un cocontractant, des critères de qualification appropriés doivent être définis selon la nature et la taille des marchés. Il peut être exigé une autorisation fournie par la Banque pour accompagner son client « ou une ligne de crédit ».

Le montant de la ligne de crédit (MLC) peut être calculé en fonction du montant estimé du marché et de la durée d'exécution prévue (en mois) pour le Candidat puisse disposer de droits de tirage pour couvrir ses charges pour un trimestre. La formule pour déterminer le MLC pour un trimestre est donc : (Montant du Marché/ Délais d'exécution prévu en mois) x 3

**** ***

CHAPITRE II
RESSOURCES FINANCIÈRES ET MARCHÉS DE LA COLLECTIVITÉ TERRITORIALE

3.1 L'OBJET DES MARCHÉS PUBLICS.

L'objet des marchés est de satisfaire des besoins d'une Autorité contractante matérialisée dans le présent ouvrage par la Collectivité territoriale, en travaux, fournitures, prestations de services courants ou en prestations intellectuelles.

Au-delà de la satisfaction de besoins, les marchés publics ont également pour objet d'écarter des contraintes au développement et participer activement à la gestion de l'environnement et à la conservation des ressources naturelles.

3.1.1 Les différents types de marchés publics.

Les marchés publics de travaux sont les contrats conclus avec des Entrepreneurs et qui ont pour objet la réalisation d'un ouvrage ou des travaux de génie civil répondant à des besoins spécifiés par une Collectivité territoriale qui en exerce la maîtrise d'ouvrage. Lorsqu'un marché public porte sur des travaux et des fournitures ou des services, il est un marché de travaux si son objet principal est de réaliser des travaux.

Les marchés publics de fournitures sont les marchés conclus avec des Fournisseurs, ils ont pour objet l'achat de produits ou matériels. Lorsqu'un marché public porte sur des travaux et des fournitures ou des services, il est un marché de fournitures si son objet principal est de réaliser des fournitures.

Les marchés publics de services physiques sont les marchés conclus avec des prestataires de services qui ont pour objet la réalisation d'une prestation de services quantifiables. Lorsqu'un marché public a pour objet des services et des fournitures, il est un marché de services, si la valeur de ceux-ci dépasse celle des fournitures et vice-versa.

Les Marchés publics de prestations intellectuelles sont les marchés conclus avec des Consultants et ont pour objet la réalisation de services qui comportent des obligations spécifiques liées à la notion de propriété intellectuelle, ou pour lesquelles il est fait appel à la réflexion ou à l'intelligence humaine donc caractérisée par l'immatérialité.

3.1.2 Les besoins de la Collectivité territoriale

Par « besoins » de la Collectivité territoriale, on entend, non seulement, les besoins liés à son fonctionnement propre, mais également les besoins liés à son activité d'intérêt général et qui la conduisent à s'attacher des prestations de tiers pour ses administrés.

Ces besoins portent sur :

- des "travaux" de construction, reconstruction, démolition, réparation ou rénovation de bâtiment, l'installation d'équipements, la décoration et la finition ;
- des fournitures" de biens mobiliers, de matières premières, d'équipements et des objets sous une forme solide ou liquide;
- des prestations de services physiques courants telles que les services d'entretien, de reboisement, de gardiennage, de nettoyage et gestion des ordures;
- des « prestations intellectuelles » comme les études diagnostiques, formation, mise en place de systèmes d'information etc.

3.2 FINANCEMENT DES INVESTISSEMENTS DE LA COLLECTIVITÉ TERRITORIALE.

Pour satisfaire leurs besoins, les Collectivités territoriales ont recours à des ressources budgétaires provenant des taxes collectées, des fonds de concours de l'Etat ou de ressources extérieures sollicitées et obtenues de bailleurs de fonds ou d'autres partenaires au développement.

Ces ressources budgétaires servent essentiellement à satisfaire les dépenses d'investissement, au renouvèlement ou à l'accroissement du capital en infrastructures et équipements sociaux (ex : postes de santé, cases de santé, marchés pour les besoins quotidiens des populations, infrastructures légères de sport). Ce sont ces dépenses d'investissement qui sont le plus pourvoyeurs de marchés publics.

3.2.1 Marchés financés sur ressources budgétaires.

Dès qu'il dispose de crédits et du pouvoir de les dépenser, l'administrateur de crédits souvent assimilé à la Personne responsable des marchés publics peut alors engager les dépenses sous la supervision du receveur du Trésor public.

L'engagement se déroule en deux étapes :

- une étape juridique consacrée par l'acte par lequel l'agent public crée ou constate une obligation de laquelle résultera une charge ;
- une étape comptable, ou l'ordonnateur réserve des crédits, en s'assurant de la spécialité de la dépense envisagée (qui doit correspondre au type de crédits) et de la disponibilité des crédits (s'il en reste suffisamment).

Après l'engagement, l'ordonnateur doit liquider la dépense, c'est-à-dire vérifier qu'elle est certaine et donc que la prestation a été réalisée (attestation du service fait), puis calculer le montant dû par la collectivité territoriale.

3.2.2 Marchés financés par un appui budgétaire.

L'appui budgétaire est une modalité de mise en œuvre de financements extérieurs. Il consiste à appuyer la stratégie de croissance et de réduction de la pauvreté du pays bénéficiaire en apportant des ressources supplémentaires au budget national à travers des transferts de fonds sur le compte du trésor public.

L'appui budgétaire est géré dans les mêmes conditions que le financement direct. Ces fonds sont fongibles et permettent d'augmenter les ressources budgétaires de la collectivité territoriale. L'appui budgétaire peut être général et vise à appuyer la politique globale de développement et de réduction de la pauvreté ; il peut être sectoriel et s'intéresse de manière plus approfondie à des activités dans des secteurs bien identifiés au niveau d'une collectivité territoriale.

3.2.3 Marchés financés sur ressources de bailleurs

3.2.3.1 Marchés et "financements conjoints".

On entend par financement conjoint les ressources mises en commun par un ou plusieurs financiers, en utilisant exclusivement les mêmes règles, celles du pays bénéficiaires ou les procédures d'un bailleur, pour l'acquisition de travaux, de biens et de prestations physiques ou de prestations intellectuelles.

3.2.3.2 Marchés et "financements parallèles".

On entend par financement parallèle l'ensemble des ressources financières octroyées par un ou plusieurs financiers, en vue de participer à la réalisation d'un projet d'une collectivité territoriale, chacun des bailleurs utilisant ses propres règles pour l'acquisition de biens, de travaux, de prestations physiques ou prestations intellectuelles.

**** ***

CHAPITRE III
DÉTERMINATION DES BESOINS DE LA COLLECTIVITÉ TERRITORIALE

L'une des exigences fondamentales en matière de marchés publics est la définition des besoins, avant le lancement de toute procédure. Cette détermination des besoins est l'étape la plus importante du processus d'acquisition, car elle influe sur la réussite de toutes les autres phases.

La définition des besoins peut être qualifiée comme l'identification suivant une démarche itérative, mesurable et prospective des prestations à acquérir par la Collectivité territoriale en toute connaissance du marché, des acteurs économiques et de leurs offres potentielles.

Pour circonscrire ses besoins, la Collectivité territoriale peut effectuer des consultations ou solliciter des avis ou informer les opérateurs économiques de son projet et de ses exigences. Ces échanges préalables peuvent être utilisés, à condition qu'ils n'aient pas pour effet de fausser la concurrence et n'entraînent pas une violation des principes de liberté d'accès à la commande publique, d'égalité de traitement des candidats et de transparence dans les procédures.

Une définition précise des besoins a donc trait :

- à la qualité des prestations (ce qu'il faut et le service attendu) ;
- au contexte dans lequel ces prestations doivent pouvoir être assurées (délais, lieu(x) d'exécution et/ou de livraison, contraintes organisationnelles) ;
- aux quantités souhaitées et à une bonne compréhension des services associés (livraison, installation, maintenance).
- Pour être efficace, une expression de besoins doit faire appel à quatre considérations principales :
- une analyse fonctionnelle des besoins sur la base, par exemple, d'états de consommation ;
- la connaissance des marchés fournisseurs grâce à leur documentation technique ;
- la distinction, y compris au sein d'une même catégorie de biens ou d'équipements, entre achats standards et achats spécifiques ;
- et enfin, lorsqu'elle est possible, l'adoption d'une démarche en coût global prenant en compte le prix à l'achat, les coûts de fonctionnement et de maintenance et le développement durable.

La planification des marchés se fait généralement de manière annuelle et repose sur la valorisation et l'anticipation des besoins regroupés au sein de programmes stratégiques d'acquisition. De manière spécifique, elle vise à donner une visibilité sur les investissements envisagés par la Collectivité territoriale à court ou moyen terme en fonction, d'une part, des ressources disponibles, et d'autre part, des besoins à satisfaire.

Les besoins de la Collectivité territoriale comme cela avait été évoqué plus haut, sont ceux nécessaires à son propre fonctionnement, mais également ceux liés à son activité d'intérêt général en direction des populations sous son administration pour des travaux, fournitures, des prestations de services physiques et intellectuelles ».

La période à prendre en compte dans le cadre de la planification est généralement une année, mais elle peut varier en fonction des acquisitions :

- pour les fournitures, les services physiques et travaux d'entretien courants, la période spécifique prédéfinie pour les exécuter ;
- pour les travaux, la durée est celle de la réalisation de l'opération ;
- pour les prestations intellectuelles, la durée est celle nécessaire pour recueillir les informations, les analyser et déposer les livrables.

L'identification correcte des besoins requiert que soit posée une série de questions. Les bonnes questions sont souvent les plus simples, elles sont réunies à travers la méthode "QQOQCCP" :

- **Quoi ?** (prestations et actions à entreprendre) ;
- **Qui ?** (est concerné, acteur et responsable) ;
- **Où ?** (lieu de livraison d'exécution-distance- différentes étapes) ;
- **Quand ?** (moment, planning, durée, fréquence) ;
- **Combien ?** (quantités nécessaires, services connexes)
- **Comment ?** (modalités, procédures…) ;
- **Pourquoi ?** (Réaliser telle action, respecter telle procédure.)

Les réponses aux questions suivantes peuvent permettre souvent d'établir un diagnostic efficace et de déterminer au mieux un besoin :

- quel est le périmètre exact de la prestation (du point de vue quantité, niveau de qualité et délai de réalisation à retenir ?
- l'impact environnemental et social de la prestation ;
- ce projet d'acquisition est-il réellement nécessaire ?
- quelle est la fréquence d'utilisation de la prestation ?
- quel est le lieu d'utilisation ou de réalisation de la prestation ?
- quelle est la période d'utilisation de la prestation ?
- combien va coûter chaque élément du projet d'acquisition ?
- combien l'acquisition ou la prestation va coûter au total, quel est l'impact de l'acquisition en termes de coût global ?

L'étape du questionnement est importante. Si elle n'est pas bien menée, ces questions ressurgiront par la suite et pourront soit retarder le projet d'acquisition soit entraîner des surcoûts. Plusieurs arguments militent à l'établissement de ce questionnaire pour une meilleure exécution des activités et par conséquence, un bon déroulement des marchés.

La définition des besoins est à orienter et à adapter aux opportunités qui se présentent à la Collectivité territoriale par rapport à sa « stratégie d'achats ». La Collectivité territoriale se doit, dans la phase d'expression de ses besoins, prendre en compte les aspects **P**olitiques, **E**conomiques, **S**ociaux, **T**echnologiques, **L**égaux et **E**nvironnementaux tout en mettant en avant les pratiques de concurrence loyale en :

- favorisant la concurrence par la pluralité des réponses et l'émergence d'offres alternatives ;
- permettant à tous les Candidats éligibles de répondre sans discrimination de statut ou de positionnement ;
- valorisant l'offre qui satisfait aux prescriptions ou spécifications techniques avec le prix le moins onéreux après évaluation, et dont le soumissionnaire répond aux critères de qualification préalablement établis dans le dossier de mise en concurrence.

La meilleure manière de prendre en compte ces préoccupations c'est de recourir, autant que faire se peut, aux procédures ouvertes. La Collectivité territoriale doit aussi tenir compte, lors de la détermination de ses besoins, du contexte local, de l'impact sur l'emploi afin de permettre aux entreprises locales de se positionner.

Lors de l'identification des besoins, le focus est souvent mis sur le prix d'acquisition, alors que la prise en compte d'autres considérations permet, de meilleurs résultats en termes de gains. Si l'effet volume est souvent recherché pour obtenir des économies d'échelle, d'autres actions plus pertinentes peuvent être envisagées grâce à l'approche autour du besoin.

Circonscrire un besoin c'est identifier les finalités et les objectifs du projet d'acquisition envisagé, son périmètre est à fixer en fonction des ressources financières au regard des disponibilités budgétaires de la Collectivité territoriale.

4.1 TECHNIQUES DE DÉTERMINATION DES BESOINS

4.1.1 Allotissement des besoins.

Des travaux ou fournitures peuvent soit être répartis en lots donnant lieu chacun à un marché distinct, soit faire l'objet d'un marché unique. C'est ce que l'on appelle l'allotissement. La Collectivité territoriale peut choisir entre un marché unique (ou à l'entreprise générale) et un marché à passer en lots séparés, au cas par cas, en fonction des avantages économiques, financiers ou techniques auxquels elle peut s'attendre. Il n'existe pas une règle unique.

Les marchés passés à l'entreprise unique (ou à l'entreprise générale) et les marchés passés en lots séparés présentent selon les différentes catégories de marchés, des avantages et des inconvénients. Il est passé un marché en un lot unique s'il y a une certaine homogénéité à respecter.

Chaque fois que c'est possible, pour une évaluation correcte des besoins en vue d'une exécution efficace et une participation effective des PME, il faut recourir à l'allotissement des futurs marchés.

Les marchés sont passés en lots séparés : quand chaque lot peut faire l'objet d'un marché spécifique avec une mise en concurrence, une attribution et une exécution spécifique.

Les marchés sont passés en lots séparés et indivisibles lorsque la dévolution en lots séparés risque de rendre incompatibles les différentes composantes d'une prestation ou rendre l'opération plus coûteuse.

4.1.1.1 Quel est le nombre adéquat de lots ?

L'allotissement est la division d'un marché en plusieurs « lots » correspondants chacun à une prestation distincte à attribuer à une entreprise. La Collectivité territoriale reste libre de fixer le nombre de lots pour un marché.

Un trop grand nombre de petits lots peut favoriser la participation des PME, mais aussi décourager celles d'entreprises plus importantes. Le nombre idéal de lots dans un appel d'offres est de quatre.

4.1.1.2 Intérêt à recourir à l'allotissement.

Le choix entre un marché unique et un marché à lots séparés doit se faire, au cas par cas en fonction des intérêts économiques, financiers ou de la capacité technique de chaque Collectivité territoriale. L'allotissement est particulièrement approprié lorsque l'importance des travaux, des fournitures ou des services à réaliser risque de dépasser les capacités techniques ou financières d'une seule entreprise. Avec une telle opération, chaque lot d'importance moindre peut être exécuté par une petite et moyenne entreprise « PME ».

L'importance de l'allotissement réside donc dans la nécessité d'ouvrir la concurrence en permettant à plus d'entreprises de participer. Cette ouverture permet à des petites et moyennes entreprises qui ne sont pas techniquement ou financièrement bien assises de participer à des appels d'offres. La plupart des Codes de marchés publics contiennent des règles qui garantissent à différents degrés l'accès des PME aux marchés.

Pour la promotion des petites et moyennes entreprises qui sont souvent confrontées à la présentation de références relatives à l'exécution de précédents marchés d'une certaine nature, notamment celles qui ont moins de deux ans d'existence, il est possible de ne leur demander que leur numéro d'identification nationale (NINEA) pour participer à un Appel à concurrence.

4.1.1.3 <u>Inconvénients de l'allotissement.</u>

La réalisation de lots portant sur un ouvrage unique par des entreprises différentes conduit, souvent, à des difficultés, lors de l'exécution, du fait du chevauchement de certaines activités et responsabilités en cas de défaut éventuel ultérieur constaté. Il est préférable de conclure un marché unique lorsque la Collectivité territoriale n'a pas la capacité technique de coordonner les actions des titulaires des différents lots.

Dans certains cas, comme la construction d'une route, au lieu de diviser le projet en lots « horizontaux » composés de travaux radicalement différents tels que travaux de terrassement, aqueducs, ponts, fondations et revêtement.

Il est plus pertinent de diviser la construction de cette route en lots « verticaux » correspondant à des tronçons complets et autonomes comportant l'intégration des travaux de natures différentes (travaux de terrassement, réalisation d'aqueducs, de ponts, fondations etc.) au niveau de chaque lot.

4.1.2 <u>Estimation du coût des besoins.</u>

La détermination des coûts des besoins ou l'évaluation du montant des besoins est notamment nécessaire, pour le calcul des crédits requis ou pour déterminer les seuils qui déclenchent l'application d'une procédure de passation des marchés.

Pour analyser les besoins, il faut, autant que faire se peut, adopter une démarche en coût global ; c'est, prenant en compte non seulement le prix à l'achat, mais aussi les coûts des charges connexes.

4.1.2.1 <u>Estimation des coûts d'une opération de travaux.</u>

Une opération de travaux est la valeur globale des travaux se rapportant à une même opération caractérisée par son unité fonctionnelle, technique ou économique, à mettre en œuvre dans une période de temps et un périmètre limités, que celle-ci comporte un ou plusieurs ouvrages.

Il peut s'agir de travaux de nature différente si ceux-ci sont réalisés sur un même ouvrage et au même moment.

<u>Exemple</u> : Réhabilitation d'un bâtiment ou ensemble de bâtiments dans un même périmètre.

Il peut s'agir des travaux de même type et qui concernent des ouvrages différents formant une même opération du fait du lien fonctionnel (mêmes travaux) s'ils s'inscrivent dans le cadre d'un même projet.

<u>Exemple</u> : la réfection des toitures des écoles d'une même commune ou la réalisation de trottoirs dans différents quartiers de la ville, car il en résulte une unité fonctionnelle.

4.1.2.2 Estimation des coûts d'un ensemble de fournitures/ services.

Les fournitures et services sont estimés par ensemble homogène. Un ensemble homogène de fournitures ou de services est la valeur totale des fournitures ou des services qui peuvent être considérés comme homogènes soit en raison de leurs caractéristiques propres, soit parce qu'ils constituent une unité fonctionnelle.

Exemple : Une fourniture de gasoil à une Collectivité locale peut répondre à plusieurs utilisations fonctionnelles différentes ; faire fonctionner un groupe électrogène et des pompes à eau ; ou faire fonctionner les véhicules de services et autres moyens de transport.

4.2 DÉTERMINATION DE LA PROCÉDURE DE MARCHÉ EN FONCTION DU BESOIN.

L'analyse de la prévision à travers l'expression sincère des besoins du point de vue de leurs caractéristiques ainsi que de leur montant estimatif va permettre de déterminer la procédure à suivre. Une fois le montant du marché déterminé, la Collectivité locale peut choisir la procédure à laquelle elle aura recours.

La Collectivité locale doit pour cela se référer aux seuils définis par la réglementation en vigueur (Codes des marchés publics ou procédures du bailleur si c'est un financement dont la convention est signée par l'Etat), pour dérouler soit les procédures simplifiées pour les marchés de faibles montants, soit les procédures des appels d'offres pour les montants relativement importants.

Les Procédures prévues sont des procédures par lesquelles la Collectivité locale choisit son cocontractant sans négociation, sur la base de critères objectifs préalablement portés à la connaissance des Candidats.

Sous ce rapport, l'Appel d'offres ouvert est la procédure dont on doit recourir par défaut parce qu'il fait appliquer tous les principes directeurs de la passation de marchés.

L'appréciation des principes directeurs peut se faire à travers :

- la publication d'un avis public d'appel d'offres dans un journal à large tirage pour informer au mieux les candidats potentiels ;
- l'observation d'un délai impératif de 30 jours au moins pour recevoir des offres ;
- des critères de sélection des offres portés au préalable à la connaissance des Candidats ;
- l'établissement de critères non discriminatoires liés à l'objet du marché, la qualité, le prix, etc.

**** ***

CHAPITRE V
PROCESSUS DE PLANIFICATION DES MARCHÉS.

La planification de la passation des marchés consiste à définir le chronogramme de chacune des étapes de la passation des différents marchés de fournitures, travaux, services physiques ou de prestations intellectuelles en tenant compte des contraintes réglementaires, logistiques ou politiques.

5.1 PROGRAMMATION BUDGÉTAIRE ET PLANIFICATION DES MARCHÉS

La programmation budgétaire ou l'élaboration des programmes de travail et du budget annuel (PTBA) est un excellent outil d'aide à la planification des marchés, car elle a pour soubassement la collecte de toutes demandes d'achats émanant des administrés.

La démarche de planification du processus de passation des marchés doit être impulsée afin d'éviter les achats en réaction. Les procédures et délais que nécessite la passation des marchés publics doivent être anticipés pour éviter les situations d'urgence ou les dérives systématiques de planning.

Avant tout appel à la concurrence, consultation, chaque Collectivité territoriale est tenue de déterminer l'étendue des besoins à satisfaire, de distinguer les travaux, des fournitures et services.

C'est par une série de questions-réponses que l'on obtient des informations essentielles sur les besoins de la Collectivité territoriale quant à leur nature, volume, dates butoirs de mise à disposition, etc. Il revient aux opérationnels notamment aux agents voyer, de poser ces questions lors de l'élaboration du budget annuel de la Collectivité territoriale.

Ces questions pour chaque acquisition ou prestation à réaliser sont relatives à la fonction, l'utilisation, le coût, le lieu d'exécution de la prestation, etc.

Les réponses à ces questions sont, pour la plupart du temps, détenues par les usagers et les opérationnels des différents services techniques. Avancer suivant des interrogations peut permettre de ne pas être imprécis lors de la fixation du besoin.

5.2 QUELLE MÉTHODE DE PLANIFICATION UTILISER.

La méthode « PDCA » constitue sans nul doute la meilleure pour asseoir une stratégie de planification des processus de passation des marchés. Cette méthode comporte quatre étapes, chacune entraînant l'autre, et vise à établir un cercle vertueux dans la planification des processus de passation des marchés. L'application de cette méthode aide à améliorer sans cesse la qualité de la planification des marchés.

Le sigle PDCA peut être définie par :

P pour la Planification ;

D pour le Développement ;

C pour le Contrôle ;

A pour l'Ajustement.

Le principe est de dérouler les 4 phases (Plan-Développement-Contrôle-Ajustement) et de concentrer ses efforts sur une phase dans les délais impartis tant que le niveau attendu pour cette phase n'est pas atteint.

La première étape du cycle « Planifier » consiste à préparer et organiser ce que l'on va réaliser.

La seconde étape du cycle est le développement des activités prévues.

La troisième étape consiste à contrôler que les ressources mises en œuvre dans l'étape précédente et les résultats obtenus correspondent bien, du point de vue du temps, à ce qui a été prévu à la première étape du cycle (planifier).

Enfin, la dernière étape du cycle consiste à analyser les écarts, rechercher des points d'amélioration et les appliquer pour des activités ultérieures similaires. Si les retards sont dus à des lenteurs, l'on examinera les points d'amélioration. Par contre, des délais incompressibles conduiront à une nouvelle planification et pour en tirer ce qu'il y a de mieux.

5.2.1 Le processus de planification des marchés

La planification des marchés est un processus de réflexion collective et de négociation entre les différentes structures d'une Collectivité territoriale afin de formaliser les actions à entreprendre, fixer les échéances et déterminer les résultats attendus.

Elle constitue un instrument de prise de décision, mais aussi de mise en œuvre de la stratégie de programmation, de déroulement des opérations, de vérification et supervision des activés menées pour pouvoir procéder à des rectifications pour plus d'efficience dans les actions futures.

Cette prise de décision peut se faire dans le sens « top Down » (« haut bas »), du directoire de la Collectivité territoriale vers les administrés pour la définition de l'objectif global ; puis dans le sens « bottom-up » (de « bas en haut ») pour la formulation des objectifs secondaires et de la stratégie à mettre en œuvre pour satisfaire l'objectif principal.

L'élaboration d'une bonne stratégie de planification de la passation des marchés et de son suivi est essentielle pour une réussite des acquisitions envisagées au niveau d'une Collectivité territoriale.

5.2.1.1 Méthode PDCA et planification des marchés

Pour la planification de la passation et de l'exécution des marchés, la méthode PDCA nous semble la plus adaptée, car elle va au-delà de la simple programmation des activités.

La méthode PDCA constitue un outil adéquat de mesure des objectifs par un système des marchés publics efficace.

P :	**Planification** des prestations (élaboration PPM) ;
D :	**Développement** (mise en œuvre du PPM) ;
C :	**Contrôle** (revue des marchés à passer et exécutés) ;
A :	**Ajuster** (améliorer, changer ou parfaire les actions menées grâce aux recommandations issues des audits).

La première étape de la passation des marchés « Planifier » consiste à préparer et organiser les différents projets d'acquisition, définir les coûts des prestations envisagées, élaborer le Plan de passation des marchés (déterminer les dates de début et de fin).

La seconde étape concerne le déroulement des processus de passation des marchés suivants les différentes procédures prévues.

La troisième étape consiste à calibrer les ressources à mettre en œuvre.

Enfin la dernière étape est relative à l'analyse des écarts, c'est pour cela qu'il est pertinent d'ajouter au Plan de passation des marchés, une ligne "réalisation" pour chaque marché programmé afin de rechercher des points d'amélioration et les appliquer pour des activités similaires.

5.2.1.2 Mise en œuvre de la méthode de planification.

Le travail préliminaire pour rappel se fait lors des concertations pour l'établissement du Programme de travail et du budget annuel (PTBA).

Ces rencontres sous forme d'ateliers constituent des moments privilégiés pour fixer la nature des besoins et les prestations attendues ; redresser ou rééquilibrer les coûts des besoins ; définir les dates souhaitées pour la disponibilité des travaux, des fournitures et des services ; fixer les procédures à appliquer ainsi que toute autre information pertinente en rapport avec la passation des marchés.

a. Confirmation des besoins par les bénéficiaires.

Dans un souci de mieux asseoir le Plan de passation des marchés, la structure en charge des acquisitions en relation avec les services techniques ou les différentes composantes concernées par le « projet d'acquisition » sous la tutelle de la Collectivité territoriale procèdent au cours de la réunion d'élaboration de leur budget à la confirmation des besoins.

b. Détermination des coûts de l'acquisition

Il est nécessaire pour chaque marché outre les prévisions de dépenses pour les travaux, fournitures et services d'ajouter les dépenses connexes. Il doit y avoir une harmonie entre le niveau de service attendu et l'enveloppe budgétaire, car la valeur estimée influe directement sur le choix de la méthode de passation à adopter ou sur le niveau de revue.

c. Choix de la procédure à dérouler

Le choix de la procédure doit être fait en tenant compte, de la source de financement. Il faudra alors pour chaque source identifier les montants, les contraintes et leur compatibilité avec les procédures nationales en s'imprégnant des dispositions contenues dans les accords de financement. Car les dispositions internationales prennent le pas sur la réglementation nationale. Une fois toutes considérations seront prises en compte, projeter les activités de passation des marchés ainsi qu'il suit :

- les marchés sur financement de la Collectivité territoriale par les procédures prévues par la réglementation nationale ;
- les marchés sur financement exclusif d'un bailleur, les Directives ou procédures dudit bailleur ;
- les marchés sur financements conjoints suivant les procédures retenues d'accord parties (procédures de l'un des bailleurs) ;
- les marchés sur financements parallèles suivant les procédures de chaque bailleur pour la partie qu'il finance.

5.2.1.3 Détermination du temps nécessaire pour les processus de passation et d'exécution des marchés.

Le processus de passation et d'exécution des marchés sont conçus en fonction de délais que sont :

a. les délais administratifs qui sont marqués par :

- la préparation des dossiers d'appel à la concurrence ;
- l'avis des organes de contrôle sur les Dossiers d'appel à la concurrence (si requis) ;
- le lancement des avis spécifiques d'appels d'offres ;
- la mise à disposition des Dossiers d'appel à la concurrence ;
- l'ouverture, l'évaluation et l'attribution des marchés ;
- l'approbation du rapport d'évaluation et de la proposition d'attribution ;
- l'avis des organes de contrôle sur d'attribution (si requis) ;
- la publication de l'attribution provisoire ;

b. <u>les délais de fabrication ou d'acquisition.</u>

- le temps nécessaire à la fabrication de certains équipements ;

c. <u>les délais livraison des biens et équipements et autres livrables.</u>

- l'emballage, le fret des marchandises ;
- le déchargement, la livraison sur site et l'emmagasinage ;
- délais pour rédiger les rapports provisoires et définitifs pour les prestations intellectuelles.

d. <u>les délais d'installation des équipements.</u>

- l'installation et les prétests ;
- la réception des biens et des équipements ;

e. <u>les délais pour la réalisation des travaux.</u>

- la réception provisoire de l'ouvrage,
- la réception définitive de l'ouvrage.

TABLEAU DE RECAPITULATIF DES DELAIS ADMINISTRATIFS EN MATIERE DE MARCHES PUBLICS (PHASE PASSATION) Délais en jours calendaires									
Etapes des procédures	Lancement-Ouverture-Analyse			Publication	Souscription- Approbation -Immatriculation			Notification Attribution définitive	
	Lancement à ouverture		Ouverture & analyse	Publication attribution provisoire	Souscription	Approbation	Immatriculation	Notification	Publication avis attribution définitive
Types	Normal	Urgence							
TRAVAUX FOURNITURES & SEVICES PHYSIQUES									
DRP ouverte	15	7		10	ND	ND	3	ND	A publier
DRP restreinte	ND	ND	ND	ND	ND	ND	3		15
DRP simple	ND	ND	ND	ND	ND	ND			
Appel d'offre ouvert avec ou sans pré qualification	ND	ND	ND	ND	ND	ND		ND	A publier
Procédure nationale	30	10.	15	10	15	3	3		15
Procédure internationale	45	15	15	10	15	3	3		15
Appel d'offres en deux étapes									
Procédure nationale	45	15							
Procédure internationale	60	20	15	10	15	ND	3	ND	15
Appel d'offres restreint		plis i<à 3				ND	3	ND	15
Procédure nationale	15	15	15	10	15	ND	3	ND	15
Procédure internationale	30	ND	15	10	15	ND	3	ND	15
PRESTATIONS INTELLECTUELLES									
Procédure nationale	30		15	10	15	ND	3	ND	15
Procédure internationale	45		15	10	15	ND	3	ND	15

5.3 ÉLABORATION DU PLAN DE PASSATION DES MARCHÉS.

Les activités de préparation de la planification des marchés aident à atteindre les objectifs des différents projets d'acquisition et optimiser l'utilisation des ressources budgétaires allouées en appliquant une approche basée sur les risques.

La réalisation des objectifs pour une acquisition dépend largement des travaux en amont. Chaque Collectivité territoriale se doit de consolider, pendant la préparation de son budget, tous les besoins en matière d'acquisition de biens, travaux et services exprimés.

Pour se faire au cours de la préparation budgétaire, les services compétents de la Collectivité territoriale évaluent les montants de tous les marchés qui seront passés, et établissent un Plan de passation des marchés.

Le Plan de passation des marchés est obligatoire. Le Plan de passation doit porter sur les 12 mois à venir. Il est mis à jour en tant que de besoin et a minima, annuellement. Il précise pour chaque marché : le nom du marché, son montant prévisionnel, la catégorie de marché, le type de mise en concurrence, la procédure de passation de marchés, le type de contrôles exigés.

Le Plan de passation des marchés sert à :

- aider les organes d'exécution à répartir les ressources,
- estimer la charge de travail et tenir les parties prenantes informées des opportunités d'affaires offertes, afin de promouvoir la concurrence ;
- exécuter les processus de passation des marchés, en harmonie avec les besoins de chaque structure sous la tutelle de la Collectivité territoriale ;
- permettre à la Direction du Contrôle des marchés publics et au Bailleur de superviser la passation des marchés financés sur les ressources étatiques, les prêts ou dons, de manière organisée et systématique ;
- suivre la progression des activités relatives à la passation et à l'exécution des marchés.

Le Plan de passation des marchés doit aussi constituer le tableau de bord d'évaluation de l'avancement et du suivi de la performance en matière de passation et d'exécution des marchés.

Le Plan de passation des marchés est élaboré suivant un modèle type adopté par cadre réglementaire.

5.3.1 Identification des marchés à partir d'un besoin

Un besoin ne donne pas nécessairement naissance à un seul et unique marché. A partir d'un besoin exprimé, il est possible de tirer une multitude de marchés.

A titre d'exemple, nous allons nous intéresser aux marchés possibles (non exhaustif) à partir du besoin exprimé par la Collectivité locale « AFROUSS » de construire un lycée.

MARCHÉS POSSIBLES POUR UN PROJET DE CONSTRUCTION DU LYCÉE DANS LA COLLECTIVITÉ TERRITORIALE DE « AFROUSS »				
N°	**Désignation**		**Modes passation**	**Types de marchés**
1	**Etudes conceptuelles**		**AO sur concours**	Consultant
2	**ETUDES TECHNIQUES APD**		**SBQC**	Consultant
3	**ACCÈS AU SITE/ PRÉPARATION**		**AOR**	Travaux
4	**Bâtiments**	Gros œuvre	AOO	Travaux (plusieurs lots) ou (entreprise générale)
		Plomberie		
		Menuiserie		
		Electricité		
		Terrains sport		
		Espaces verts		
		Voirie		
5	**TERRASSEMENT**		AOO	Travaux
6	**EQUIPEMENTS BUREAUTIQUES**		AOO	Fournitures
7	**ÉQUIPEMENTS AUDIO DES SALLES DE JEUX ET AUTRES LIEUX DE DIVERTISSEMENT**		AOO	Fournitures
8	**MOBILIER DE BUREAU DE**		AOO	Fournitures
9	**ÉQUIPEMENTS-DORTOIRS ET DES RÉFECTOIRES**		AOO	Fournitures
10	**MATÉRIEL DE FORMATION POUR LES ATELIERS ET LABORATOIRES**		AOO	Fournitures
11	**FOURNITURES DE BUREAU ET DE FORMATION**		DRPO	Fournitures
12	**2 VÉHICULES DE LIAISON**		AOO	Fournitures

Pour une bonne élaboration du chronogramme des marchés à passer, il est impérieux de décider de la décomposition des acquisitions à faire.

Pour ce besoin ou ce projet de construction d'un lycée, une série de questions permettra de circonscrire ce qu'il faut pour qu'il soit fonctionnel.

Cette recherche de la fonctionnalité à une date donnée va être le fil conducteur de la fixation du besoin, mais va aider aussi à trouver, la voie la meilleure, pour la réalisation du lycée.

5.3.2 Ebauche du plan de passation des marchés.

Pour chacun des marchés identifiés après concertation avec les hommes de l'art, les bénéficiaires finaux ou usagers, il est établi un point de départ, pour déclencher les actions à mener pour satisfaire le besoin exprimé, notamment, la préparation des éléments techniques indispensables au montage du Dossier d'appel à la concurrence.

La planification des marchés issus du besoin consiste à découper chaque marché en tâches unitaires, pouvant dépendre les unes des autres, et à les ordonnancer de façon à obtenir un planning de réalisation.

Pour ce faire, il y a un nombre de questions que l'on doit se poser au niveau de l'équipe du « projet » ou des opérationnels de la Collectivité territoriale.

Acquérir quoi ? Après la clarification des besoins, il faudra regrouper les éléments similaires ou complémentaires en fonction de leur nature, valeur, taille.

Acquérir comment ? Suivant les différents modes de passation de marchés (procédures simplifiées ou par Appel d'offres ouvert ou ses variantes) en tenant compte des contraintes de cofinancement).

Acquérir quand ? Pour chaque marché et chaque étape de la procédure.

Qui va acquérir ? Il importe d'identifier clairement la Personne habilitée à passer les marchés.

Les réponses à ces questionnements permettent d'établir un chronogramme de la passation des marchés en tenant compte : des délais de préparation, les évaluations des dossiers, compte tenu de la collaboration avec les services techniques dépendant d'autres administrations ou d'hommes de l'art, mais aussi des délais pour les avis et l'approbation par les Autorités compétentes.

Il passe par le lancement de la mise en concurrence, la réception des offres, l'ouverture des plis et l'évaluation des offres, l'attribution, la signature, l'approbation, la notification du marché au titulaire en sont les étapes intermédiaires.

La phase finale est sanctionnée par la réception des biens, des travaux ou des services qui sont l'objet du marché. Pour se faire, il est important :

- d'identifier les travaux, fournitures et services devant concourir à l'atteinte des objectifs du programme ou du projet ;
- déterminer les marchés spécifiques à passer ;
- de les classer en unités homogènes selon leur importance ;
- de procéder au phasage et déterminer le chemin critique de leur exécution.

5.3.3 Les données du plan de passation des marchés.

5.3.3.1 Description des marchés à passer sur la période du plan

Le plan doit distinguer les travaux, les fournitures, les services physiques et les prestations intellectuelles ou de consultants et donner une brève description de chaque activité.

Une brève description se définit comme une définition suffisante pour être reconnue comme une activité de passation de marchés sans pour autant atteindre une précision ou un niveau de détail qui en ferait plutôt une spécification technique. Le contenu doit être bref, mais suffisamment explicite.

5.3.3.2 Inscription thématique des marchés à passer

L'inscription thématique des marchés se fait à partir des différentes catégories de marchés à passer au cours de l'année.

a. Premier niveau :

Pour un bon classement thématique, il convient d'affecter une lettre à chaque catégorie de marché ; **T** : pour tout marché de travaux pour tout mode de passation ; **F** : pour tout marché de fournitures ; **P** pour tout marché de prestations physiques ; **C** : pour tout marché de prestations intellectuelles.

b. Deuxième niveau :

Pour le deuxième niveau pour chaque marché spécifique, faire suivre le mode de passation à la catégorie de marchés correspondante.

b.1 Marchés de travaux à inscrire dans le PPM

T/**DRPS** pour les travaux à passer par Demande de renseignements et de prix simple ;

T/**DRPO** travaux à passer par Demande de renseignements et de prix à compétition ouverte ;

T/**AOO** travaux à passer par Appel d'offres ouvert ;

b.2 Marchés de fournitures dans le PPM

F/**DRPS** Demande de renseignements et de prix simple ;

F/**DRPO** fournitures par Demande de renseignements et de prix à compétition ouverte ;

F/**AOO** fournitures à passer par Appel d'offres ouvert ;

b.3 Marchés de prestations intellectuelles dans le PPM

C/**SQ** Sélection de prestataires intellectuels suivant la méthode qualification du consultant ;

C/SQC Sélection de prestataires intellectuels suivant la méthode qualité coût ; ou autres méthodes.

c. troisième niveau :

Le troisième niveau est le numéro d'ordre chronologique à affecter à chaque marché spécifique pour une procédure prévue.

T/DRPS /**001** pour le premier marché de travaux à passer par Demande de renseignements et de prix simple ;

T/DRPCO /**005** pour le cinquième marché de à passer par Demande de renseignements et de prix à compétition ouverte ;

Même démarche pour les marchés sur autres procédures prévues.

d. quatrième niveau :

Au quatrième niveau, il s'agira d'ajouter simplement l'année concernée de sorte à avoir un classement thématique annuel :

T/DRPS /0001/**2022** : pour le premier marché de travaux à passer par Demande de renseignements et de prix simple pour l'année **2022**;

T/DRPS /005/**2022**: pour le cinquième marché de à passer par Demande de renseignements et de prix simple pour l'année **2022**;

T/DRPO /002 /**2022**: pour le deuxième marché de à passer par Demande de renseignements et de prix à compétition ouverte pour l'année **2022**.

5.3.3.3 Inscription des coûts des acquisitions

Afin d'harmoniser le plan et le budget, il est essentiel de disposer d'un budget réaliste basé sur des données fiables, étant donné que la valeur estimée influe directement sur le choix de la méthode de passation à adopter ou sur le niveau de revue.

5.3.3.4 Détermination des dates prévisionnelles des activités

Pour avoir une idée de la date de début d'une activité, il est possible de s'inspirer des programmes de travail et de programmation budgétaire annuelle (PTBA) avec, des dates de début des actions ou les dates butoirs pour réceptionner une acquisition de sorte à pouvoir dégager une chronologie des activités de passation des marchés.

Il est vrai que ce ne sont que des projections, mais de manière objective, pour fixer cette première date (date de déclenchement) de chaque marché spécifique à passer, il faut tenir compte de la disponibilité des spécifications techniques ou des termes de références et du temps nécessaire pour élaborer le Dossier d'appel à la concurrence.

Pour l'inscription des dates de chaque activité durant le processus de passation du marché, il faut déterminer la date de l'activité qui en premier déclenche une procédure de passation de marché. Il s'agit de la date la plus probable à laquelle le dossier d'Appel à la concurrence sera élaboré et est prêt à être soumis à qui de droit pour recueillir l'autorisation de lancer la procédure.

Ces informations apportent une aide à la gestion des activités en donnant au Plan de passation des marchés les caractéristiques d'un outil actif de suivi et de pilotage. Il est important de noter par ailleurs que le plan de passation ne se limite pas à la signature du contrat, sa dernière partie est réservée à l'exécution des marchés.

Il est bon à ce niveau, de pouvoir déterminer le temps à accorder aux futurs titulaires pour mettre à notre disposition les différents livrables, des questions aux opérationnels du secteur pourraient y contribuer grandement.

5.3.3.5 Renseignement du Plan de passation des marchés

De manière concrète, une fois la date la plus probable pour disposer des spécifications techniques ou des termes de référence afin de d'élaborer le Dossier d'appel à la concurrence est disponible ; il est possible de dérouler la chronologie des activités de passation des marchés.

Après avoir copié le modèle **ANNEXE 1** agrée sur EXCEL (en format date- configuration par défaut), aller à la cellule correspondante à approbation des termes de références ou des spécifications et indiquer la date y relative (4 décembre 20XX__) ajouter trois jours pour avoir la date de disponibilité du dossier d'appel à la concurrence de sorte à avoir (= « cellule » 4 décembre 20XX__+3=**7décembre 20XX**__).

Une fois la date d'élaboration de ce dossier connue, il est maintenant aisé de déterminer les autres dates du processus de passation des marchés. Par exemple si la transmission devra prendre deux jours pour que le dossier soit effectivement au niveau de la structure de validation à cette date de transmission, ajouter 2 jours et on aura la date de transmission (= 7 décembre 20XX__+2=**9décembre 20XX**__)

Dans la cellule suivante « Avis de la Direction du Contrôle des marchés publics », suivant le même format, insérer **(=9décembre 20XX__+x jours) (x jours correspondant au délai de revue).**

Le résultat obtenu sera la date pour l'obtention de l'Avis de non-objection ou de l'avis favorable pour la poursuite de la procédure. Si le délai de traitement octroyé est de 7 jours ouvrables ou 9 jours calendaires, il sera ajouté le temps de transmission de 2 jours ainsi : x sera de 11 jours), la date pour enclencher l'étape suivante est **(=9décembre 20XX__+11 jours=21 décembre 20XX__).**

Il est tout à fait indiqué d'avoir à côté un calendrier pour lisser les dates chaque fois que l'on tombe sur un samedi ou dimanche ou jour férié. Pour toutes les autres cellules, la formule ainsi établie reste valable :

Date cellule début + x jours+ y jours (*si nécessaire.*)

X est le nombre de jours utiles pour la réalisation d'un élément de la procédure de passation de chaque marché spécifique ;

Y, le nombre de jours pour la transmission si requis). Ainsi on aura :

- **Avis Direction du Contrôle des marchés publics** [(x=7 jours pour avis Direction du Contrôle des marchés publics + 2 jours pour transmission et ventilation courrier accord Direction du Contrôle des marchés publics)] ;
- **Publicité** (il s'agit de la date à laquelle l'avis sera publié) = (date de réception avis Direction du Contrôle des marchés publics + 4 jours (pour avoir une plage pour l'insertion de l'avis dans un journal) ;
- **Date d'ouverture des plis** = (date publicité + 30 jours révolus pour le délai d'élaboration des offres à déposer) ;
- **Date transmission rapport d'évaluation à DMP =** (Date ouverture des plis + 15 jours pour l'évaluation des offres et dépôt du rapport + 2 jours pour la transmission) ;
- **Date avis DMP** (7 jours étude du rapport + 2 jours de transmission pour avis Direction du Contrôle des marchés publics) ;
- **Date signature contrat** = 1 jour pour la finalisation contrat + 3 jours pour obtenir signature de l'attributaire + 2 jours pour la signature de l'autorité + 5 jours pour l'attestation crédit + 10 jours pour l'approbation et la numérotation du marché.
- **Date des livrables** : travaux simples, de 3 à 6 mois ; travaux complexes, plus de 6 mois en tenant compte de la nature des travaux ; fournitures courantes, de 15 jours à 2mois ; fournitures complexes, de 3 à 6 mois ; prestations intellectuelles, petites missions de 15 jours pour les rapports provisoires ; missions d'envergure moyenne, dépôt du rapport provisoire, de 1 à 3 mois ; missions complexes avec dépôt du rapport provisoire de 6 mois à un an.

La détermination des dates souhaitées pour la réception des prestations permet de fixer suivant une « démarche récurrente » les dates de déclenchement des processus de passation des marchés. La démarche inverse consiste à définir d'abord la date souhaitée pour disposer de l'acquisition et ensuite « aller à reculons » pour les dates précédentes.

Ex date dépôt des livrables = 3 novembre date de notification (=3 novembre 2022–90) =05 août 2022), ainsi de suite jusqu'à la détermination de la date pour démarrer le processus. Toutefois, il faudra repasser les différentes dates pour voir la cohérence.

5.4 PUBLICATION D'UN AVIS GÉNÉRAL PASSATION DES MARCHÉS

L'Avis général de passation de marchés (AGPM) est le moyen par lequel, la Collectivité territoriale, fait connaître, par le canal d'une publicité, les caractéristiques essentielles (description générale et objectifs) des marchés de travaux, fournitures, de services physiques et Intellectuels à passer au cours d'une année.

Au début de chaque année, et au plus tard à la fin du premier trimestre, en fonction du calendrier de l'établissement de son budget, le Maire de la Collectivité territoriale soumet un Avis général de passation des marchés à la structure déconcentrée de la Direction du Contrôle des marchés.

En collaboration avec les structures déconcentrées et la Direction des marchés Publics, il est lancé des avis de présélection des candidats. Ces avis doivent faire l'objet d'une large publicité dans la presse locale indiquant l'envergure et l'emplacement des travaux, la teneur des fournitures ou des prestations à réaliser dans les 12 mois qui suivent, ainsi que les critères de sélection.

De manière concrète, l'Avis général de passation des marchés fera l'objet d'une annonce dans les journaux locaux et/ou affichage dans les localités ou endroits que des entrepreneurs fournisseurs et prestataires de services sont susceptibles de visiter, tels que le siège du Conseil régional, ou les chambres de métiers, maisons communautaires et sous-préfectures.

Les affichages au niveau des différents endroits de l'AGPM (voir modèle en **ANNEXE 2**) ont pour but d'encourager les candidats potentiels à manifester leur intérêt, au niveau des Collectivités territoriales concernées.

Un registre des soumissionnaires potentiels ayant l'expérience et les capacités nécessaires pour pouvoir participer à différentes compétitions peut être entretenu par les structures déconcentrées de la Direction du Contrôle des marchés, la Chambre des métiers (ou autres structures servant de relais) et les informations mises à la disposition des Collectivités territoriales bénéficiaires.

Ce registre régulièrement mis à jour permettra d'identifier les soumissionnaires intéressés à participer aux marchés initiés au niveau des différentes Collectivités territoriales de leur zone d'activité.

****** *****

DEUXIÈME PARTIE
PASSATION DES MARCHÉS DE TRAVAUX, DE FOURNITURES

**** ***

CHAPITRE I
PASSATION DES MARCHÉS DE TRAVAUX

1.1. Modes de passation des marchés de travaux

1.1.1. La Demande de renseignements et de prix ou « cotation ».

La Demande de renseignements et de prix (DRP) appelée aussi « Cotation » est une procédure si elle est prévue par les textes réglementant les marchés publics donne à la Collectivité territoriale, la possibilité d'adresser simultanément, une demande à des entreprises de même envergure commerciale, pour obtenir des renseignements concernant les prix estimatifs et la disponibilité à leur niveau de biens ou de services précis.

En effet, la procédure de Demande de renseignements et de prix (DRP) peut être utilisée pour obtenir les renseignements dont a besoin une « Collectivité territoriale » à des fins de planification de son programme d'achats, ou à des fins de préparation budgétaire ou pour une comparaison de prix. Il est possible de distinguer trois types procédures de Demande de renseignements et de prix, il s'agit de :

- la Demande de renseignements et de prix simple ;
- la Demande de renseignements et de prix restreinte ;
- la Demande de renseignements et de prix à compétition ouverte.

1.1.1.1. Demande de renseignements et de prix simple

La Demande de renseignements et de prix simple (DRPS) est la Procédure dont peut avoir recours une Collectivité territoriale lorsque le montant estimé du marché est très faible et ne présente pas de risque significatif.

Les dépenses qui s'y rapportent pouvant être faites sur la base de contrats écrits de forme libre ou de « mémorandum de dépenses ». Il est même possible que ces commandes soient dispensées de la forme écrite et, donner lieu à des règlements sur mémoires ou factures comme pour des dépenses faites en « bon père de famille ».

1.1.1.2. Demande de renseignements et de prix à compétition restreinte

La Demande de renseignements et de prix à compétition restreinte (DRPR) est la procédure classique dont peut avoir recours une Collectivité territoriale pour les dépenses de petits et moyens montants pouvant présenter un certain risque.

La Collectivité territoriale doit obtenir et comparer un minimum de trois propositions de prix (factures pro forma) pour établir le caractère raisonnable du prix. La demande de factures pro forma doit être faite par écrit selon le modèle joint en **ANNEXE T1**.

Elle doit décrire les fournitures objet de la consultation, les spécifications techniques, les quantités requises, les conditions de livraison et de paiement des fournitures y compris les prestations d'installations le cas échéant. Elle doit également indiquer la date et le lieu de dépôt des offres.

Afin de minimiser le risque de ne recevoir qu'une ou deux demandes de prix, il est fortement recommandé de solliciter plus de cinq demandes de prix lors de la requête initiale. Il est recommandé de faire une comparaison entre au moins trois demandes de prix. Une comparaison de moins de trois est justifiée uniquement s'il est établi de manière satisfaisante qu'il n'existe pas plus de deux sources autorisées pour ces fournitures.

La Collectivité territoriale devra s'assurer que les fournisseurs ou entrepreneurs sont bien installés et qu'ils sont qualifiés pour la fourniture de ces biens et services. Pour des fournitures et matériels simples, tels que les tôles, le ciment, etc.

Les Demandes de prix doivent être adressées à des fournisseurs qui disposent d'un stock suffisant pour l'objet de la consultation. Pour du matériel plus complexe tel que les ordinateurs, les motopompes, motos, etc., les Demandes de prix doivent être adressées à des fournisseurs qui sont en mesure d'assurer le service après-vente.

a. <u>Soumission des offres de prix</u>

Les fournisseurs ou entrepreneurs soumettent leurs offres de prix par écrit en utilisant les modèles de formulaires joints à la Demande de renseignements et de prix (DRP) **ANNEXE T2**. Aucune garantie de soumission ou de bonne exécution n'est nécessaire.

Au cas où la Collectivité territoriale n'aurait pas reçu au moins trois propositions de prix, il vérifie auprès des fournisseurs interrogés s'ils ont l'intention de soumissionner et dans quel délai.

A moins d'une extrême urgence, ou si la Collectivité territoriale a déjà reçu au minimum trois offres de prix, elle peut fixer un délai supplémentaire raisonnable, par exemple trois jours de plus, afin de recevoir d'autres offres de prix. Elle pourra procéder à la comparaison des offres reçues.

b. <u>Comparaison de factures pro forma et attribution marchés</u>

Les enveloppes contenant les offres pouvant être ouvertes en public dans les mêmes conditions que l'appel d'offres classique ou à huis clos selon les dispositions réglementaires en vigueur. Les offres de prix (ou factures pro forma) sont comparées après vérification des calculs. L'offre qui respecte, le mieux, le principe de l'économie (moins-disant) sera retenue à condition que les spécifications de la Demande de prix soient respectées.

Une offre qui n'est pas moins-disant ne peut être choisie qu'avec une bonne justification. Par exemple, un prix légèrement plus élevé peut-être justifié par une livraison rapide ou une disponibilité immédiate en cas d'extrême urgence lorsqu'une livraison retardée peut être préjudiciable à la Collectivité territoriale. Dans de tels cas, cette condition doit être clairement indiquée dans la Demande de prix envoyée aux fournisseurs sinon elle ne peut être invoquée.

La Commission de passation des marchés de la Collectivité territoriale doit justifier sa décision d'attribution et conserver les pièces justificatives pour examen ultérieur par les missions de supervision ou par les auditeurs.

Outre le tableau de comparaison des offres, préparé par la Commission de passation des marchés de la Collectivité territoriale selon le modèle en **ANNEXE T3**, il est important de joindre les pièces justificatives, telles que les spécifications techniques, les lettres d'invitation et inclure la liste des fournisseurs contactés et les factures pro forma reçues.

Un contrat ou un bon de commande **ANNEXE T4** est établi à l'issue de la consultation et il doit être signé par la Personne responsable des marchés publics au niveau de la Collectivité territoriale.

1.1.1.3. Demande de renseignements et de prix à compétition ouverte (DRPCO) ou Appel d'offres local.

La Demande de renseignements et de prix à compétition ouverte (DRPCO) est pour la Collectivité territoriale qui l'adopte, la procédure par laquelle, comme pour un appel d'offres classique, il est lancé un avis public d'appel à la concurrence pour délai minimal de dépôt des offres de 15 jours calendaires.

La Commission de passation des marchés publics de la Collectivité territoriale procède à l'évaluation en fonction des critères dans le Dossier d'Appel à la concurrence et soumet le rapport d'analyse à la Personne responsable des marchés publics.

L'attribution du marché sera faite au Candidat qui a déposé l'offre qui répond au mieux à la déclinaison retenue par les textes réglementaires pour l'attribution du contrat de marché par exemple : (*Offre évaluée conforme moins-disant ou la déclinaison retenue*) et dont le soumissionnaire est reconnu réunir les critères de qualification consignés dans le Dossier d'Appel à la concurrence.

Dès que le marché est approuvé, la Collectivité territoriale informe les autres Candidats du rejet de leurs offres et publie un avis d'attribution provisoire. Le recours non juridictionnel précédé d'un recours gracieux recevable dans les trois jours qui suivent la parution de l'avis d'attribution provisoire est possible. Il est signé, entre les parties, un contrat qui sera soumis à l'immatriculation.

1.1.2. L'appel d'offres national ouvert pour les grands marchés

L'appel d'offres est le mode de passation de marchés par lequel la Collectivité territoriale choisit son cocontractant après un appel public à la concurrence et l'ouverture des offres au cours d'une séance publique. Il est dit ouvert lorsque tout candidat éligible peut remettre une offre.

1.1.2.1. Contenu des dossiers d'appel d'offres

a. L'Avis d'appel d'offres.

L'avis d'appel d'offres fait connaître au moins :

- l'objet du marché ;
- le lieu et la date où l'on peut prendre connaissance des cahiers des charges ou des modalités d'obtention de ces documents ;
- le lieu et la date limite de réception des offres ;
- le délai pour lequel les Candidats restent engagés par leurs offres ;
- les justifications à produire concernant les qualités et capacités exigées des soumissionnaires.

b. Le Dossier d'Appel à la concurrence.

Le Dossier d'Appel à la concurrence comprend :

- un avis de passation de marchés,
- les instructions aux soumissionnaires,
- les prescriptions techniques de l'ouvrage (plans, devis quantitatif, description détaillée, délai d'achèvement), le modèle de contrat.

1.1.3. Préparation du document d'appel à la concurrence

1.1.3.1. L'avis d'appel d'offres

La publicité de l'avis d'offres est organisée par la Commission de passation des marchés de la Collectivité territoriale. Elle peut être faite à travers les journaux, au niveau national ou territorial, auprès des radios communautaires et par voie d'affichage au niveau de la localité bénéficiaire, au siège de la Collectivité territoriale, à la sous-préfecture et à la chambre des métiers.

1.1.3.2. Les cahiers des clauses

Le dossier d'appel à la concurrence est élaboré par la Commission des marchés de la Collectivité territoriale sur la base du Dossier simplifié d'Appel d'offres élaboré par l'Autorité de régulation des marchés publics.

Cette préparation du Dossier d'Appel à la concurrence peut être faite avec l'appui d'un ingénieur-conseil ou d'un Assistant à la maîtrise d'ouvrage (AMO) pour des marchés dont les spécifications ou prescriptions techniques nécessitent des connaissances particulières.

1.2. SE PRÉMUNIR CONTRE LES OFFRES DE PRIX ABERRANTS

Une offre avec des prix aberrants est une offre irrégulière qui ne correspond pas à la définition des besoins exprimés. Pour détecter si une offre est avec des prix aberrants, il peut être fait recours à une méthode pour les identifier et les traiter.

La méthode dite de la « Double moyenne » est couramment utilisée, à cet effet. Il existe d'autres formules pour se prémunir des offres avec des prix aberrants ou offres anormalement basses.

L'Agence d'Exécution Travaux d'intérêt public (AGETIP) au Sénégal ou le MCA (Millenium Challenge Account Sénégal) en font usage depuis fort longtemps.

1.2.1. Comment prendre en compte le traitement des offres avec des prix aberrants lors de l'élaboration du DAO ?

Il est laissé la possibilité d'introduire, au niveau des Données particulières, à la section -Evaluation et comparaison des offres-, une clause pour prendre en charge les offres avec des prix aberrants.

1.2.1.1. Ajout d'une clause particulière :

Dans les DPAO travaux à la rubrique consacrée à « Évaluation et comparaison des offres » il est possible d'insérer une clause particulière additionnelle qui prévoit « des ajustements résultant de l'utilisation des facteurs d'évaluation nouveaux ».

Pour introduire une information particulière par rapport à l'évaluation des « offres anormalement basses » ou « offres avec des prix aberrants », aller à la rubrique « Evaluation », chercher la sous-rubrique apte à prendre en compte cette préoccupation.

Si une telle sous-rubrique existe, insérer la donnée spécifique. Au cas où une telle sous-rubrique n'existerait pas, créer une sous-rubrique avec un numéro après le dernier et insérer la particularité souhaitée.

4	RUBRIQUE ÉVALUATION
4.1	**Evaluation sur la base d'autres facteurs** ;
4.1.5	....
4.3	**Offres avec des prix aberrants**

Cet ajout permettra d'écarter les offres susceptibles de créer des problèmes lors de l'exécution, puisque ne couvrant pas de manière convenable les besoins exprimés, il est possible, de recourir à la formule de la double moyenne.

Il s'agit de l'utilisation d'un critère mathématique aux fins de déterminer lesquelles des offres ont des prix aberrants, pour après procéder à une vérification contradictoire des différents éléments qui composent ces offres incriminées.

Aucun Code des marchés publics ne s'oppose en principe à ce qu'un critère mathématique soit utilisé aux fins de déterminer quelles offres apparaissent avec des prix aberrants, pour autant que l'exigence d'une vérification contradictoire des offres soit respectée.

Le tableau suivant décrit le processus à suivre pour identifier et traiter les offres avec des prix aberrants.

PRISE EN COMPTE LORS DE L'ÉLABORATION DU DAO DU TRAITEMENT DES OFFRES AVEC DES PRIX ABERRANTS (OPA)
Etape 1 : calcul des moyennes M1
1) Calcul de la première moyenne M1
Calcul de la moyenne des offres acceptables (M1) sans tenir compte de l'offre moins élevée et de celle la plus élevée.
Etape 2 : Élimination des offres supérieures à 1,2* M1
Élimination des offres d'un montant supérieur à 1,2 * M1 (20% au-dessus de (M1). Ce ratio permet de mesurer la part des gains réalisés par une entreprise au regard de ses coûts fixes. Il peut être retenu un coefficient d'exploitation d'une entreprise de 1,2 pour les PME et de 1,5 pour les grandes entreprises.
Etape 3 : Calcul de la deuxième moyenne M2
Il est calculé la moyenne des offres non éliminées à l'étape 2
Etape 4 : Les offres dont le montant est inférieur à 0,85 * M2 c'est-à-dire (15% au-dessous de M2) sera identifiée comme offres avec des prix aberrants. Toute offre dont le montant sera inférieur à 0,85 * M2 c'est-à-dire (15% au-dessous de M2) sera identifiée comme avec des prix aberrants. Les 15% correspondent au taux de marque pour les PME, il est estimé à 25% (coefficient sera de 0,75) pour les grandes entreprises.) **1) Détection du caractère bas de l'offre** Une offre avec des prix aberrants est une offre présentée par une entreprise dont le prix est manifestement sous-évalué et est de nature, à compromettre la bonne exécution du marché. L'évaluation du caractère aberrant de prix d'une offre doit respecter quatre étapes successives : • la détection de l'offre avec des prix aberrants ; • la demande de clarifications au Candidat concerné ; • l'appréciation de la pertinence des explications fournies ; • l'admission ou le rejet de ladite offre. **2) Confirmation du caractère aberrant des prix des offres indexées.** **a) Les Candidats ayant proposé des offres avec des prix aberrants fourniront les informations par écrit par rapport à leurs offres.** Toutes les offres détectées avec des prix aberrants feront l'objet d'un examen particulier, il sera demandé par écrit, sur la base de la liste des incohérences constatées, des précisions sur la composition des offres, à adresser aux Candidats concernés.

Pour lister les incohérences d'une offre, il faut examiner les différentes rubriques du point de vue du descriptif repris dans le bordereau des prix, mais aussi voir, la cohérence du prix eu égard aux différents facteurs qui entrent de sa composition.

(***Les dossiers sur les marchés publics** énumèrent des exemples de justifications pouvant être demandées) :* les modalités de la prestation, l'originalité de l'offre, les conditions favorables dont disposerait un Candidat, pour proposer de tels prix, notamment tous les éléments pouvant faire l'objet d'un stock seront justifiés par ce dernier.

Ces éléments de stock devront être en cohérence avec les factures d'achat et sa comptabilité matières (justifications des quantités à l'entrée, les utilisations faites et le solde).

b) Elimination des offres mises en cause

Pour les Candidats dont les offres auront été identifiées comme présentant des prix aberrants, ils devront dans le délai de 3 jours, à compter de la réception de la demande de clarifications, fournir par écrit les justifications qu'ils jugent suffisantes.

Les Candidats qui n'auront pas déposé les justifications, au terme de ce délai, verront leurs offres rejetées.

Par ailleurs, si les explications fournies, par un Candidat, ne permettent pas d'établir le caractère viable de l'offre eu égard à ses capacités économiques, techniques et financières, son offre sera rejetée.

a. Appréciation de la capacité juridique.

En ce qui concerne la capacité juridique des Candidats, outre leurs statuts et les indications sur la personne physique apte à engager administrativement et financièrement le Candidat, il est possible de demander, le Registre de commerce, le NINEA etc.

b. Appréciation des capacités techniques.

Pour la post qualification, il serait tout à fait pertinent de demander, des attestations pour des travaux de même nature réalisés antérieurement par le Candidat.

Il est aussi possible de demander un outillage ou des équipements spéciaux pour la réalisation des travaux. S'agissant des certificats professionnels, il doit être précisé que la preuve de la capacité du Candidat peut être apportée par tout moyen, notamment par des certificats, attestant de sa compétence technique à effectuer la prestation pour laquelle celui-ci fait valoir une offre. Les références à demander doivent être liées et proportionnées à l'objet du marché.

Le Candidat choisit celles qui lui semblent les plus appropriées. Il convient parfois aussi d'envisager des visites de terrains pour vérifier si le matériel dont il est fait état dans une offre existe et est en bon état de marche. Il est parfois proposé du matériel roulant ou des engins utilitaires avec, à l'appui, la photocopie des cartes grises alors que, l'engin est sur cales depuis des lustres.

Pour les marchés de fournitures.

Il peut être demandée, une capacité de fournitures des biens plusieurs fois supérieure aux quantités objet du marché, dans l'ordre de 3 à 5, et la certification de la qualité de la production par des organismes reconnus.

Pour les marchés de travaux.

Les qualifications particulières requises des Candidats en fonction de la nature de travaux peuvent comprendre, la réalisation avec succès, en tant qu'entrepreneur principal d'au moins un projet de nature et de complexité comparables à celles des travaux à réaliser.

Selon la nature des travaux, il peut être demandé au Candidat d'avoir réalisé un ou deux projets de valeur au moins égale à 60% du marché au cours des trois dernières années ; ou la réalisation d'opérations mettant en jeu des quantités, volumes et rythmes de réalisation déterminés dans les DPAO ; la possession d'un certain type d'équipements de production garantissant une certaine cadence et qualité de fabrication.

A titre d'exemple, lorsque le marché porte sur des travaux importants de terrassement ou de bétonnage, le Candidat doit montrer qu'il a :

- une expérience de ces opérations pour les avoir réalisées avec des rendements (par exemple: le volume de terrassements annuel) au moins égaux à un certain pourcentage (par exemple, 80%) des rendements maxima mensuels et/ou annuels nécessaires pour la réalisation du marché concerné ;
- la possibilité de disposer en temps voulu et pour la durée requise de gros matériels requis pour les travaux concernés ; le Candidat doit indiquer sous quelle forme (propriété, location, etc.), il pourra disposer de ces matériels et équipements essentiels, dont la liste figure dans les DPAO.

Un personnel ayant une expérience et des compétences particulières adaptées aux travaux concernés.

Exiger, un directeur de travaux ayant, par exemple, cinq à dix ans d'expérience générale dans la réalisation de travaux de nature et de complexité comparables, dont au moins (un) an d'expérience effective en tant que directeur de travaux.

Les conditions à remplir par les autres membres du personnel-clé peuvent être ajoutées si nécessaire.

c. Appréciation de la capacité financière des Candidats.

Les arguments qui avaient prévalu pour la pré-qualification et qui concernent l'utilisation des données comptables sont applicables pour la post qualification des Candidats.

Pour la pré-qualification (qualification avant) et pour la post qualification (qualification après), la Personne responsable des marchés publics a les mêmes préoccupations : avoir l'assurance que le Candidat aura les ressources financières adéquates pour exécuter le marché.

i) La ligne de crédit bancaire.

Il est important de noter qu'il y a une différence entre une attestation de ligne de crédit et une attestation de capacité financière.

Une attestation de ligne de crédit est un document délivré par une banque pour signifier qu'elle s'engage sur une période à apporter son concours à un de ses clients, candidat à des marchés, pour un montant déterminé pour une année.

Alors qu'une attestation de capacité financière bien qu'elle revête le cachet d'une banque ne signifie aucunement un engagement souscrit par cette dernière pour accompagner son client.

Du reste, le contenu de l'attestation de capacité financière délivrée par certaines banques est souvent laconique et est du genre :

« Sur la base des mouvements enregistrés au niveau du compte de notre client l'Entreprise « Flash Réparation » ouvert dans nos livres, nous pensons qu'elle est en mesure d'exécuter le marché de réparation de véhicules pour lequel il a sollicité la présente attestation qui lui est délivrée pour servir et valoir ce que de droit. ».

Le montant de la ligne de crédit (MLC) se calcule en fonction du montant global du marché et la durée d'exécution (en mois), par la formule :

$$(MLC) = 3 \times \frac{(MeM) - (AD)}{DE}$$

MLC : montant de la ligne de crédit ;

MeM : le montant estimé du marché ;

AD : Avance de démarrage ;

DE : Durée d'exécution

Le montant ainsi obtenu peut servir pour une ligne de crédit trimestrielle minimale.

Pour éviter que les Candidats puissent faire des calculs par récurrence et se faire une idée du montant estimé du marché, il est possible d'ajouter 5 à 15% à au montant ainsi trouvé.

A l'instar de la garantie de soumission le « comment » du calcul notamment, du montant de la ligne de crédit demandé doit être tenu au secret.

ii) Le chiffre d'affaires.

Afin de lutter contre les exigences de capacité financière disproportionnées, un chiffre d'affaires annuel minimal supérieur au double de la valeur estimée du marché peut être demandé.

Dans certains cas exceptionnels, il peut être décidé d'exiger un chiffre d'affaires minimal supérieur à ce plafond, notamment pour des raisons tenant aux risques inhérents à la nature des travaux, services ou fournitures commandés.

Après élaboration du Dossier d'Appel à la concurrence, le Maire de la Collectivité territoriale le transmet aux Services techniques spécialisés de l'Etat (Génie rural, etc.) pour avis technique.

Le dossier revu à la lumière des éventuelles observations du service technique est multiplié en plusieurs exemplaires. Les dossiers techniques seront soumis au Conseil de la collectivité territoriale pour information.

1.3. LA PRÉPARATION DES OFFRES

La Commission de passation des marchés de la Collectivité territoriale désigne en son sein une équipe permanente pour la vente des Dossiers d'Appel à la concurrence aux soumissionnaires intéressés.

Le retrait du dossier d'appel à la concurrence se fera moyennant versement d'une somme pour couvrir les charges de reproduction non remboursable environ 15 000 à 25 000 F CFA) contre délivrance d'un reçu **ANNEXE T5**.

A la fin de l'opération de vente du Dossier d'Appel à la concurrence et au plus tard une heure avant l'ouverture des offres, la sous-commission des ventes des Dossiers d'Appel à la concurrence fait avec le secrétaire communautaire une situation contradictoire pour le recensement des dossiers vendus versus les sommes encaissées.

A cet effet, la liste de tous ceux qui ont acheté le Dossier d'Appel à la concurrence est dressée par le secrétaire communautaire. Il est mis en place un comité de gestion dont les membres sont choisis au sein de la Commission de passation des marchés de la Collectivité territoriale aux fins de recueillir et gérer les produits de la vente des Dossiers d'Appel à la concurrence.

Ce comité comprendra un Président, un Trésorier et un secrétaire. Le retrait des Dossiers d'Appel à la concurrence se fera auprès de ce comité. Les délais minima à accorder aux soumissionnaires pour la préparation et la remise de leurs offres sont ceux déterminés par les procédures prévues.

1.3.1. Les éclaircissements apportés au Dossier d'Appels d'offres, visite du site et réunion préparatoire.

Un Candidat désireux de recevoir des éclaircissements sur le Dossier d'appel à la concurrence contactera l'Autorité contractante, par écrit, à l'adresse indiquée dans les Données particulières ou soumettra ses requêtes durant la réunion préparatoire éventuellement prévue.

La Collectivité territoriale répondra par écrit, dans un maximum de 3 jours, à toute demande reçue au plus tard avant « le dernier tiers » du délai global accordé pour la préparation des offres.

Le dernier tiers signifie pour une Demande de renseignements et de prix à compétition ouverte dont le délai de dépôt est de quinze jours, les demandes d'éclaircissements, doivent parvenir à la Collectivité territoriale avant les cinq derniers jours qui précèdent la date de dépôt des offres.

Si pour le dépôt des offres, il prévu un délai de trente (30) jours, le dernier tiers correspond à 10 jours. Si le délai de dépôt des offres est de neuf (9) jours cas des Demandes de renseignements et de prix simples, le dernier tiers correspond à trois (3) jours avant la date de dépôt.

1.3.2. Etablissement de l'offre du soumissionnaire

Le dossier de réponse ne doit comporter qu'une enveloppe cachetée selon les indications du Dossier d'Appel à la concurrence. L'enveloppe devra contenir l'original signé par une personne habilitée à engager le soumissionnaire et deux copies de la soumission ainsi que toute autre information exigée dans le Dossier d'Appel à la concurrence. Les offres doivent être présentées sur du papier format A4 et doivent être dactylographiées et rédigées en français.

1.3.3. Le Dépôt des offres

Les offres sous enveloppe fermée doivent être déposées au plus tard avant la date et heure limite de dépôt, indiquées dans le Dossier d'Appel à la concurrence. La Commission de passation des marchés de la Collectivité territoriale réunie en séance d'ouverture des plis procède à l'ouverture immédiate des plis à l'expiration du délai de dépôt des offres. Les plis arrivés après l'heure fixée pour le dépôt des plis ne seront pas concernés, pour éviter toute contestation, il est plus indiqué de ne pas recevoir l'offre.

1.4. Les procédures spécifiques- l'Entente directe

Les marchés ne peuvent être passés par entente directe, sans appel à la concurrence (fournisseur ou entrepreneur unique), que dans des cas exceptionnels, lorsqu'il est manifeste que la concurrence n'est pas possible ou a été tentée mais sans résultats.

En effet, cette méthode ne favorise pas la concurrence et elle ne permet pas de rendre compte comme il se doit de l'utilisation des fonds. Elle est adoptée lorsque les biens/travaux/services ne peuvent être fournis que par un seul entrepreneur, fabricant ou consultant, ou lorsqu'il est nécessaire de faire appel à la participation communautaire importante pour accroître les chances de succès durable du projet concerné.

Dans tous les cas la conclusion d'un marché par entente directe devra faire au préalable l'objet d'une autorisation du Pôle Régional de Contrôle des marchés publics à qui il faudra soumettre un argumentaire par rapport à la mise en œuvre de cette procédure spécifique et l'offre du Candidat pressenti.

★★★★ ★★★

CHAPITRE II

OUVERTURE PUBLIQUE DES PLIS- ÉVALUATION DES OFFRES - ATTRIBUTION DES MARCHÉS

b.1. L'OUVERTURE PUBLIQUE DES OFFRES

Une ouverture des offres peut être publique ou à huis clos notamment pour les marchés à petits montants, au lieu indiqué dans le Dossier d'Appel à la concurrence, autant que possible au lieu de rassemblement habituel de la Collectivité territoriale c'est-à-dire la mairie, même si l'ouvrage à réaliser a comme bénéficiaire une organisation de développement à la base. L'ouverture publique favorise le contrôle social, car, « Qui, mieux abreuve, mieux prouve ». Tous les soumissionnaires sont autorisés à assister ou à se faire représenter à l'ouverture des offres.

Si la Collectivité a eu recours aux services d'un ingénieur-conseil lors de la préparation du dossier de mise en concurrence, il peut y assister à titre consultatif pour apporter son appui technique à la commission. L'ingénieur-conseil est un intermédiaire qualifié qui peut être engagé, si nécessaire, pour fournir une assistance technique; il est responsable de la qualité des produits fournis ou des travaux réalisés. Les représentants des organismes de financement peuvent également y assister ou se faire représenter à titre d'observateurs.

A l'heure fixée dans le Dossier d'Appel à la concurrence, tous les plis reçus sont déposés sur la table et numérotés de manière chronologique. Les plis reçus après le délai fixé doivent être renvoyés aux candidats sans avoir été ouverts. En dehors des offres arrivées en retard, aucune offre ne doit être rejetée lors de la séance d'ouverture des plis.

Le Président de la Commission de passation des marchés de la Collectivité territoriale annonce le nombre de soumissions reçues et s'assure que chaque enveloppe à ouvrir est bien cachetée (fermée) et la présente comme telle au public. Le Président ouvre le pli et annonce à haute voix : le nom du soumissionnaire, le montant de la soumission, et énumère les pièces administratives produites conformément aux indications du Dossier d'Appel à la concurrence dont , le cas échéant, une copie du reçu d'achat du Dossier d'Appel à la concurrence et une attestation de visite du site devant abriter l'ouvrage pour les marchés de travaux. Il en sera de même pour toutes les enveloppes numérotées et déposées sur la table.

Aucun soumissionnaire ne peut apporter de modifications à son offre pendant et après la séance d'ouverture des plis. Dès la fin des opérations d'ouverture des plis, il est établi un procès-verbal d'ouverture des plis signé de tous les membres de la Commission de passation des marchés de la Collectivité territoriale, présents. Les candidats ou leurs représentants signeront un registre attestant de leur présence.

b.1.1. Etablissement du procès-verbal d'ouverture des plis

Le Secrétaire communautaire prend note de toutes les informations afférentes à chaque soumissionnaire afin d'établir le procès-verbal d'ouverture des plis condensé (modèle **ANNEXE T6**).

Le Procès-verbal d'ouverture des plis, dans sa forme littérale comprend généralement cinq parties qui contiennent tous les détails importants tels que :

1. **Lieu date et objet de la réunion.**
   - la date effective d'ouverture des plis par la Commission de passation des marchés compétente ;
   - le lieu de tenue de la réunion d'ouverture des plis en accord avec ce qui avait été consigné dans l'Avis d'appel à la concurrence;
   - l'objet de la réunion en précisant les prestations objets du marché, le nombre de lot, le mode de passation ;
   - la date de publication de l'Avis d'appel à la concurrence, le support de publicité de parution, la date limite qui avait été fixée pour la remise des offres et les reports éventuels ainsi que le lieu de dépôt des offres.
2. **Conditions de tenue de la réunion.**
   - Les membres présents de la commission compétente à l'ouverture des plis, leurs nom et prénoms ;
   - le résumé de l'allocution introductive du Président sur l'intérêt de l'acquisition pour la Collectivité territoriale et la conduite de la procédure d'ouverture des plis ;
   - le nombre de Candidats ayant retiré le Dossier d'Appel à la concurrence.
3. **Le contenu des offres.**
   - le nombre de plis reçus dans les délais et l'ordre d'ouverture des plis avec le nom de chaque Candidat ; pour chaque enveloppe à ouvrir, le constat de son état, si elle est scellée ou non ;
   - la lecture à haute voix pour chaque offre : du nom du soumissionnaire, de la garantie de soumission des pièces administratives demandées, du prix de chaque offre y compris tous les rabais consentis ;
   - les plis arrivés en retard s'il y a lieu et le traitement qui leur est réservé.

4. **La clôture de la séance d'ouverture des plis.**

- pour la clôture de la séance d'ouverture des plis, la désignation sans en nommer les membres d'un comité technique d'évaluation ;
- l'heure à la laquelle la séance d'ouverture des plis est terminée ;
- les noms et qualités des signataires du procès-verbal d'ouverture des plis.

Une copie du procès-verbal d'ouverture des plis signée par les membres de la Commission de passation des marchés de la Collectivité territoriale est immédiatement affichée au lieu de rassemblement de la Collectivité territoriale afin que les soumissionnaires et les populations ou toute autre personne intéressée par cette passation de marchés puissent en connaître le contenu.

b.2. ÉVALUATION DES OFFRES

b.2.1. Examen, évaluation et comparaison des offres

Après la séance publique d'ouverture des offres, la Commission de Passation des Marchés de la Collectivité territoriale se retire immédiatement pour procéder à l'évaluation des offres avec l'assistance de l'ingénieur-conseil.

Par contre, le Maire de la Collectivité territoriale ne participe pas à l'évaluation des offres. Avant l'évaluation détaillée des offres, la Commission de passation des marchés de la Collectivité territoriale s'assurera que chaque offre est conforme aux stipulations et conditions des cahiers des charges et de l'appel d'offres ; et sont d'une manière générale en bon ordre notamment :

- que l'offre est correctement signée ;
- que l'offre est complète c'est-à-dire que l'essentiel des informations est fourni dans le Dossier d'Appel à la concurrence - s'il manque quelques informations, la Commission de Passation des Marchés de la Collectivité territoriale peut les demander à condition que cela ne change pas l'offre même (c'est-à-dire le prix ou les conditions de l'offre), toutes les rubriques du devis quantitatif sont dans la soumission.

La Commission de Passation des Marchés de la Collectivité territoriale peut demander aux candidats de préciser la teneur de leurs offres afin d'en faciliter l'examen, l'évaluation et la comparaison.

Cette demande doit être faite par écrit dans le respect strict des cahiers des charges et la réponse doit être faite par écrit et aucune modification des offres ou des prix ou des conditions de concurrence ne peut être demandée, offerte ou autorisée.

Il sera examiné le caractère complet de l'Offre et son éligibilité apprécié. Il sera recherché la conformité au point de vue commercial et technique Toute offre qui comporte des déviations importantes par rapport aux termes, conditions ou spécifications du Dossier d'Appel à la concurrence, de sorte qu'elle ne puisse être comparée aux autres offres sera rejetée. Seules les offres jugées conformes pour l'essentiel sont évaluées durant cette étape qui comprend dans l'ordre :

- la vérification des calculs arithmétiques du prix des offres ;
- la correction des erreurs de calcul (selon les modalités définies au Dossier d'Appel à la concurrence) et l'établissement des prix définitifs après avoir pris en compte des éventuels rabais proposés.

Au terme de ces vérifications **ANNEXE T7 tab 1**, la Commission de passation des marchés de la Collectivité territoriale établit un classement provisoire des offres selon le critère du moins-disant en tenant compte des rabais inconditionnels faits par le soumissionnaire.

La Commission de passation des marchés de la Collectivité territoriale retient, suivant la déclinaison retenue dans les textes réglementaires, l'offre évaluée conforme aux spécifications techniques, moins-disant, dont le soumissionnaire est reconnu réunir les critères de qualification annoncés dans le Dossier d'Appel à la concurrence.

b.2.2. Qualification et sélection provisoire - Etablissement du rapport d'évaluation des offres

Le soumissionnaire présentant l'offre évaluée la plus avantageuse du point de vue fera l'objet d'une évaluation **ANNEXE T7 tab 2** sur la base des critères de qualification juridique, technique et financière dans le Dossier d'Appel à la concurrence :

- le numéro de registre du commerce et celui de l'Identification nationale des Entreprises et Administration (NINEA) et le quitus fiscal en cours de validité ;
- la preuve d'avoir réalisé un ouvrage similaire à celui objet de l'Appel à la concurrence, à la satisfaction du maître d'ouvrage ;
- les moyens matériels et les moyens humains (avec les profils) dont dispose l'entreprise.

Pour des travaux d'une certaine importance, exiger une attestation de qualification et de classement relatif à la qualification et la classification des entreprises, entrepreneurs et artisans de bâtiments et travaux publics. Si le soumissionnaire, le moins-disant, satisfait à ces critères de qualification, il est retenu comme attributaire provisoire. Il est alors établi un rapport d'évaluation des offres. A défaut, il sera procédé à l'évaluation des qualifications du soumissionnaire classé second et ainsi de suite.

Si l'offre du soumissionnaire moins disant dépasse l'enveloppe budgétaire prévue pour la réalisation de l'ouvrage, la Commission de passation des marchés de la Collectivité territoriale proposera un réaménagement de la masse des travaux avec l'assistance de l'ingénieur-conseil pour réaliser le prix de l'ouvrage dans l'enveloppe sur la base des prix unitaires proposés par le soumissionnaire.

Ce réaménagement de la masse des travaux doit être au préalable dans le Dossier d'Appel à la concurrence, ce qui permet d'aboutir à un contrat satisfaisant pour les deux parties sans toutefois nuire à la qualité de l'ouvrage. La Collectivité territoriale doit soumettre le projet –réaménagé à la structure déconcentrée de la Direction du Contrôle des marchés Publics pour information et avis avant signature du marché.

La structure déconcentrée de la Direction du Contrôle des marchés recueillera s'il y a lieu l'avis du service technique déconcentré de l'Etat compétent selon la nature de l'infrastructure à réaliser. Il faut prêter une attention particulière aux offres avec des prix aberrants (OPA).

Avec l'assistance de l'ingénieur-conseil, pour les offres suspectées comme anormalement (généralement plus de 30% plus basse que les autres) le soumissionnaire d'une telle offre doit être invité à justifier les sous-détails de son offre. L'offre pourrait être rejetée si les justifications ne sont pas jugées satisfaisantes.

Au terme de l'évaluation, la Commission de passation des marchés de la Collectivité territoriale se réunit pour procéder à l'attribution provisoire ; le secrétaire communautaire en dresse le procès-verbal selon le modèle en **ANNEXE T8**.

Les membres de la Commission de passation des marchés de la Collectivité territoriale doivent observer la plus grande discrétion tant que les résultats ne seront pas publiés.

b.3. ATTRIBUTION DES MARCHÉS

Pour la passation des marchés par les Collectivités territoriales, il est notamment tenu compte des dispositions classiques, que l'on retrouve dans la quasi-totalité des textes réglementaires qui régissent les marchés publics ; tout en innovant dans le sens d'une simplification et d'une adaptation aux réalités des Collectivités territoriales notamment du milieu rural.

Pour les marchés passés selon les procédures simplifiées, la concurrence ouverte s'appliquera, étant entendu que, les critères de vérification a posteriori ou de post qualification des candidats – qualifications techniques et financières du soumissionnaire dont l'offre a été évaluée suivant la déclinaison indiquée dans les textes réglementant les marchés publics.

Les critères de qualification ainsi que la classification des entreprises sont diffusés à tous les soumissionnaires. Aucun soumissionnaire qui aura déposé son offre dans les délais ne sera écarté et toutes les offres reconnues conformes seront évaluées.

Seules les qualifications soumises par celui qui a déposé l'offre moins-disant seront examinées avant l'attribution provisoire du marché. Dans le cas où celui-ci ne répondrait pas à ces critères, la seconde offre évaluée moins-disant sera alors examinée. Quel que soit le mode de passation utilisé, le marché doit être attribué au soumissionnaire éligible dont l'offre correspond à la déclinaison adoptée par les textes réglementant les marchés publics.

Exemples :

Première déclinaison : « Le marché est attribué au soumissionnaire ayant présenté l'offre conforme évaluée, moins-disant ».

Deuxième déclinaison : « Le marché est attribué au soumissionnaire ayant présenté l'offre évaluée conforme, moins-disant ».

Première déclinaison : « Le marché est attribué au soumissionnaire ayant présenté, l'offre économiquement, la plus avantageuse.

Quelle que soit la déclinaison utilisée est qui en dernière instance dépend de ce qui est adopté au niveau des textes réglementaires ; il reste que le soumissionnaire ayant présenté une offre devra en outre démontrer sa capacité à exécuter le contrat sur la base de critères prédéfinis pour la post qualification dans les documents organisant la compétition.

b.3.1. Attribution des marchés de petits travaux

Les petits marchés de travaux (puits, écoles ou poste de santé ou maternité) de développement à la base seront passés sur des prix forfaitaires. Les marchés à prix fixes seront attribués sur la base d'offres obtenues suite à des Appels à la Concurrence ou de renseignements et de prix (DRP) auprès de trois entreprises nationales qualifiées, les révisions se faisant soit sur les prix unitaires soit sur le prix total.

b.3.2. Attribution des marchés de fournitures et services physiques.

Les petits marchés de produits, tels que les fournitures de bureau, les pièces consommables disponibles généralement dans le commerce à des prix compétitifs, seront passés par consultation locale sur la base d'offres obtenues d'au moins trois fournisseurs fiables.

b.3.3. Attribution des marchés de prestations intellectuelles.

Les prestations de petite envergure comme les séminaires seront assurées par des consultants individuels, car cela ne nécessite pas de travail d'équipe ou d'appui technique. De tels marchés pourront être attribués selon la méthode qualité technique (SQC) et coût ou la méthode de sélection de consultants individuels (SCI).

Les (CV) des consultants, qui se sont déclarés intéressés par la mission ou qui ont été contactés directement, seront utilisés, comme propositions techniques avec la méthode SQC. Il leur sera alors demandé de déposer parallèlement une proposition financière sur la base des termes de références communiqués.

Avec la méthode SCI, les CV reçus seront comparés et celui qui présente le meilleur profil eu égard aux critères de sélection prédéfinis, sera retenu. Il lui sera demandé par écrit avec les termes de références à l'appui, une proposition financière.

Les contrats d'études, de supervision des travaux, peuvent être passés suivant une combinaison du contrat au forfait pour la partie conception et du contrat au temps passé pour la partie surveillance selon la méthode de sélection méthode qualité technique (SQC) en rapport avec la nature de la mission.

b.3.4. <u>Validation de la décision de la Commission de passation des marchés de la Collectivité territoriale</u>

La Commission de passation des marchés de la Collectivité territoriale dresse dans les trois jours qui suivent un rapport dans lequel elle relate les circonstances de son analyse et fait, une proposition de classement des offres qui ne peut être rendue publique ni communiquée aux candidats ou à quiconque n'ayant pas qualité pour participer à la procédure d'évaluation.

Ce rapport, accompagné des cahiers des charges et des documents constitutifs des différentes offres, est adressé à la Personne responsable des marchés publics par le biais de la Cellule des marchés qui fait un contrôle formel sur l'état d'application de la procédure et la recevabilité des conclusions de la Commission de passation des marchés de la Collectivité territoriale.

Le procès-verbal d'attribution provisoire signé par les membres de la Commission de passation des marchés de la Collectivité territoriale est transmis avec le Procès-verbal d'ouverture des plis au Maire de la Collectivité territoriale au plus tard dans un délai des trois (3) jours. Il est dressé un procès-verbal d'attribution définitive.

La Collectivité territoriale après avis de la Cellule de Passation des Marchés et au besoin l'avis du Pôle régional de Contrôle des marchés avise les autres candidats du rejet de leurs offres en faisant paraitre un avis d'attribution provisoire, il leur est également adressé une lettre pour les informés des conclusions de l'évaluation.

b.4. <u>PRÉPARATION DU PROJET DE CONTRAT DE MARCHÉ</u>

Pour les marchés inférieurs aux seuils indiqués, après approbation de l'attribution provisoire, le secrétaire communautaire prépare une lettre de notification et la soumet à la signature du Maire de la Collectivité territoriale, à l'attention du soumissionnaire retenu comme attributaire selon modèle en **ANNEXE T9** pour l'inviter à signer le projet de marché.

L'entrepreneur, l'Ingénieur-Conseil et l'ensemble des membres de la Commission de passation des marchés de la Collectivité territoriale ou de l'Organisation collective de base (OCB) se retrouvent pour compléter s'il y a lieu le modèle de contrat annexé au Dossier d'Appel à la concurrence.

La signature du contrat sera faite entre la Personne responsable des marchés publics de la Collectivité territoriale et l'Entrepreneur, à la date et à l'heure fixée dans la lettre de notification ou à toute autre date convenue d'accord partie et en présence des représentants de la Collectivité territoriale bénéficiaire.

b.4.1. Publicité de l'attribution du marché

Les autres soumissionnaires doivent être informés du nom de l'attributaire final et du montant du marché **(ANNEXE T 10)** ainsi que les partenaires de la Collectivité territoriale ans les mêmes formes utilisées pour la publicité de l'appel d'offres (Journal local, des communiqués à la Radio locale ou privée de la zone et par voie d'affichage).

b.4.2. APPROBATION DU CONTRAT DE MARCHÉ

Tout marché supérieur au seuil de cotation sera soumis à l'approbation de l'Autorité administrative compétente. Le marché approuvé sera établi, en un certain nombre d'originaux (au moins 3) et autant de copies.

Les originaux peuvent être répartis comme suit :

- un original est remis à l'entreprise titulaire du marché;
- le second au Receveur du Trésor public compétent lors de la première demande de paiement au titre du marché ;
- le troisième est conservé au niveau de la Collectivité territoriale.

Les autres documents relatifs à la passation de ce marché (Dossier d'Appel à la concurrence, Procès-Verbal d'ouverture des plis, rapport d'évaluation et Procès-verbal d'attribution) seront bien gardés pour être présentés aux auditeurs et aux missions de contrôle a posteriori.

**** ***

CHAPITRE III

MODALITÉS DE PAIEMENT
CONTRÔLE DE L'EXÉCUTION DES MARCHÉS DE TRAVAUX

3.1 LES MODALITÉS DE PAIEMENT DES MARCHÉS DE TRAVAUX

Le signataire du compte des ressources financières de la Collectivité territoriale est le Receveur départemental (comptable du trésor public) seul habilité à émettre des chèques pour règlement des prestataires. L'ordonnancement des dépenses sur ce compte est effectué par la Personne responsable des marchés publics de la Collectivité territoriale.

3.1.1 Exécution et paiements des marchés de travaux.

3.1.1.1 Etablissement de l'ordre de service

Après la signature du contrat, un ordre de service **(ANNEXE T11)** visé par l'ingénieur-conseil et signé par une personne habilitée au niveau de la Collectivité territoriale est adressé à l'entrepreneur.

3.1.1.2 Versement de l'avance de démarrage

Une avance de démarrage équivalant à 20% du montant du contrat est versée à l'Entrepreneur à sa demande dès l'établissement de l'ordre de service. Cette avance est garantie à 100% voir modèle garantie (**ANNEXE T 12)**.

3.1.1.3 Modalités de paiement des petits travaux.

Pour le suivi des travaux, la Collectivité territoriale bénéficiera de l'appui de l'ingénieur-conseil afin de s'assurer de la qualité des matériaux fournis et des travaux réalisés par l'entrepreneur conformément aux prescriptions techniques. Un procès-verbal de réunion de chantier sera dressé pour constater à chaque fois le niveau d'avancement des travaux et constituera le décompte.

Le décompte est une notion administrative. C'est un document qui retrace les opérations réalisées et matérialisées par les visas réglementaires prévus à cet effet (signatures du Maître d'ouvrage, du Maître d'œuvre, de l'architecte ou ingénieur, de l'Entrepreneur) qui débouche sur l'établissement de l'acompte. Ce décompte est signé par l'entrepreneur, le Comité de construction et l'Ingénieur-conseil. L'ingénieur-conseil assurera la formation des membres dudit comité.

a. Décomptes avec avance de démarrage pour petits travaux.

L'Entrepreneur présente son premier décompte après avoir reçu une avance de démarrage de 20% garantie à 100% et reçoit le paiement des 27,5% du montant du contrat dès que les travaux auront atteint 50% de réalisation. Car il doit lui être appliqué un précompte équivalent à la moitié de la retenue de garantie de 5% du montant total du marché.

Le deuxième décompte interviendra quand les travaux seront totalement réalisés et réceptionnés sans réserve, le deuxième décompte sera égal à 47,5% du montant du contrat car, il lui est appliqué un précompte de 2,5% du paiement pour constituer l'autre moitié de la retenue de garantie fixée à 5% du marché.

b. Décomptes sans avance de démarrage pour petits travaux.

Au cas où l'Entrepreneur n'aurait pas sollicité une avance forfaitaire de démarrage, il présente son premier décompte et reçoit le paiement des 47,5% du montant du contrat dès que les travaux auront atteint 50% de réalisation. Il lui est appliqué un précompte de 2,5% du montant du contrat soit la moitié de la retenue de garantie fixée à 5% dans le contrat de marché.

Le deuxième décompte interviendra quand les travaux seront totalement réalisés et réceptionnés sans réserve, le deuxième décompte sera lui aussi égal à 47,5% du montant du contrat car, il lui est appliqué un précompte de 2,5% du paiement pour constituer l'autre moitié de la retenue de garantie fixée à 5%. A chaque présentation d'un décompte, il sera établi s'il est accepté un ordre de paiement **ANNEXE T13.**

3.1.1.4 Paiement des marchés de grands travaux.

a. Le régime des décomptes et les acomptes.

Selon la cadence prévue pour le versement des acomptes, le Maître d'œuvre établit les décomptes provisoires dans un délai n'excédant pas un (1) mois après la date de l'acceptation des attachements par l'Entrepreneur, le titulaire remet sa demande mensuelle de paiement au Maître d'œuvre, sous la forme d'un projet de décompte. Ce projet de décompte établit le montant total des sommes auxquelles il peut prétendre du fait de l'exécution du marché depuis son début.

b. Les décomptes mensuels.

Le projet de décompte mensuel établi par le titulaire constitue en fait la demande de paiement ; cette demande est datée et mentionne les références du marché. Le titulaire envoie cette demande de paiement mensuelle au Maître d'œuvre par tout moyen permettant de lui donner une date certaine.

Avant la fin de chaque mois, le projet de décompte mensuel est établi dans un premier temps par l'Entrepreneur qui doit l'adresser en « recommandé » ou contre récépissé au Maître d'œuvre. Le projet de décompte fixe le montant total, arrêté à la fin du mois précédent, des sommes cumulées auxquelles le titulaire peut prétendre du fait de l'exécution du marché depuis le début de celui-ci.

Le règlement des comptes se fait par la remise d'un décompte. Avant la fin de chaque mois, l'Entrepreneur remet au Maître d'œuvre un projet de décompte qui établit le montant total auquel il peut prétendre du fait de l'exécution du marché.

Tant pour les acomptes que pour le dernier paiement pour solde ou pour un paiement unique du montant du marché, l'Entrepreneur est tenu d'introduire une demande de paiement datée, signée et appuyée d'un état détaillé des travaux réalisés justifiant, selon lui, le paiement demandé.

Le projet de décompte est accepté ou rectifié par le Maître d'œuvre, il devient alors le décompte mensuel. Il n'est pas forcément nécessaire d'attendre tous les constats pour présenter un projet de décompte. Le décompte peut être établi à partir des constats contradictoires ou, à défaut, à partir des évaluations du Maître d'ouvrage.

Les éléments figurant dans les décomptes mensuels dès qu'ils ont un caractère définitif servent comme base de liquidation des sommes dues et donnent lieu à un ordre de paiement, c'est-à-dire à un acompte. Le Maître d'œuvre notifie à la Collectivité territoriale, l'état de l'acompte qui reprend le montant du décompte ; mais aucune des parties n'est liée par ce montant.

Un délai de vérification de trente jours, à compter de la date de réception de la demande de paiement et de l'état détaillé des travaux réalisés est laissé la Collectivité territoriale. Pour tout paiement, la Collectivité territoriale procède, à la vérification de l'état des travaux introduit et à sa correction éventuelle.

Après les opérations de vérification, la Collectivité territoriale dresse un mémorandum mentionnant les travaux qui sont acceptés en paiement et le montant qu'elle estime devoir dans le cadre de ce marché. Elle donne enfin connaissance de ce mémorandum par écrit, à l'Entrepreneur et l'invite à introduire dans les meilleurs délais, une facture pour le montant indiqué.

Un décompte provisoire ne devient définitif, et en conséquence intangible, qu'à compter de sa signature par le Maître d'ouvrage. La signature du décompte provisoire du marché, établi après vérification du service fait en vue de fixer la rémunération du cocontractant, vaut liquidation de la dépense ; sa transmission au comptable public entraîne le paiement des sommes dues au titulaire.

Les règlements d'avances ou d'acomptes n'ont pas le caractère de paiement définitif. Leur bénéficiaire en est débiteur jusqu'au règlement final du marché ou, lorsque le marché le prévoit, jusqu'au règlement partiel définitif.

c. Le régime des acomptes.

L'acompte est une notion financière, il constitue un règlement partiel qui survient après l'accomplissement d'un travail ou d'une prestation. Il rémunère une partie des prestations déjà exécutées et figurant dans le décompte.

C'est un versement obligatoire pour un service fait et de droit acquis. « *Les prestations qui ont donné lieu à un commencement d'exécution du marché ouvrent droit à des acomptes à condition que le marché prévoie un délai d'exécution supérieur à trois mois* ».

On peut aussi mandater un acompte pour la totalité du marché s'il s'agit d'un paiement unique et non subséquent. « *Le montant d'un acompte ne peut excéder la valeur des prestations auxquelles il se rapporte……* ».

A la différence du versement d'avance, les acomptes constituent un mode de règlement du prix du marché dans la mesure où ils font suite à un commencement d'exécution des prestations. L'acompte ne doit pas excéder la valeur des prestations auxquelles il se rapporte, car l'acompte rémunère un service fait.

Les versements d'acomptes doivent être constatés par écrit et vérifiés par la Collectivité territoriale avant paiement. Dans le cas d'acomptes versés en fonction de phases techniques d'exécution, le marché peut fixer, sous réserve de déduction des avances, le montant de chaque acompte, forfaitairement sous forme de pourcentage du montant du marché.

d. Modalités de calcul des décomptes ANNEXE T 14

1) Détermination du montant du marché

Le montant à prendre en compte pour l'établissement d'un décompte est le montant tel qu'il résulte du contrat de marché au moment d'établissement du décompte. Il est d'abord à déterminer toutes taxes comprises (TTC). Une fois le montant TTC connu, il faut calculer le montant hors taxes sur la valeur ajoutée (HTVA) du marché, car tous les calculs pour déterminer la valeur du décompte se feront en hors TVA.

2) Remboursement de l'avance de démarrage.

Au cas où une avance de démarrage aurait été octroyée, son remboursement est à effectuer dès que les travaux atteignent 40% du montant du marché et elle doit être apurée si les travaux atteignent 80% du montant du marché. Son montant est en HTVA au niveau des montants à déduire. Il ne s'agit pas de paiement de prestations. En fait, il n'y a pas de sortie d'argent pour le payeur. Il faut aussi se rappeler que lors du paiement de l'avance de démarrage, la TVA y était déjà.

Le montant de l'avance à rembourser dans chaque décompte se calcule pour chaque remboursement selon la formule suivante :

R = (x% -40%) / (80%- 40%) * (Valeur de l'avance consentie)

Ou X représente le niveau de réalisation des travaux.

3) <u>Pour le montant à déduire au niveau du calcul des décomptes</u>.

Il en est de même pour le calcul de la retenue de garantie au niveau des décomptes. La retenue de garantie est une somme prélevée, ce n'est pas un paiement donc ne peut être assujetti à la TVA. Les décomptes sur cette base seront déterminés en HTVA. Une fois la valeur du décompte HTVA calculée, il faudra y ajouter la TVA pour avoir sa valeur TTC.

Travaux réalisés	HTVA
Remboursement avance démarrage	HTVA
Retenue de garantie	HTVA
Décompte payé	HTVA
Décompte (x) net à payer	**HTVA**
TVA à payer sur décompte (x)	**18%**
Décompte (x) net à payer	**TTC**

4) <u>Pour le calcul du décompte définitif</u> :

A l'instar des autres décomptes, tous les calculs y affairant seront en HTVA. Les décomptes payés seront en HTVA ; la retenue de garantie sera en HTVA, les pénalités de retard seront en HTVA. Il n'y a pas de sortie d'argent donc elles ne peuvent être assujetties à la TVA. Les pénalités prélevées restent en caisse avec leur part de TVA qui était prévue dans le marché.

Le décompte définitif est une procédure contradictoire après l'achèvement des travaux. La Collectivité territoriale en relation avec le Maître d'œuvre invite l'Entrepreneur pour prendre connaissance du décompte définitif et pour le signer. L'Entreprise titulaire du marché public peut demander la communication des métrés et des pièces justificatives et en faire des copies et des décomptes.

Travaux réalisés à 100%	HTVA
Reliquat avance (non apurée)	*HTVA*
Pénalités de retard prélevées	HTVA
Retenue de garantie	HTVA
Décompte 1	HTVA
Décompte x	HTVA
Total à déduire	HTVA
Décompte définitif net à payer	**HTVA**
TVA à payer sur décompte définitif	**18%**
Décompte définitif net à payer	**TTC**

e. Le décompte général et définitif.

Le décompte général et définitif établi par le Maître d'œuvre, fixe le montant total de l'exécution du marché et récapitule en détail les acomptes perçus ainsi que l'ensemble des éléments pris en compte pour le règlement définitif du marché.

Le décompte général comprend :

- le décompte final ;
- l'état du solde établi, à partir du décompte final et du dernier décompte mensuel ;
- la récapitulation des acomptes mensuels et du solde ; et
- le montant du décompte général est égal au résultat de cette dernière récapitulation.

Le décompte général, signé par le maître d'œuvre, doit être notifié à l'Entrepreneur par ordre de service. La Collectivité territoriale via le maître d'œuvre peut, à partir de ces éléments, dresser un état du solde. Le solde est égal au montant du décompte final diminué du montant du dernier décompte mensuel, majoré de l'effet éventuel de la révision des prix, ainsi que du montant de la taxe sur la valeur ajoutée (TVA).

f. Le règlement pour solde

Le règlement pour solde a pour objet le versement au titulaire des sommes dues au titre de l'exécution normale des prestations, objet du marché, déduction faite des versements effectués à titre d'acomptes et d'avance de toute nature non encore récupérés par la Collectivité territoriale. Le règlement du marché intervient après l'exécution totale du marché et a pour effet de mettre fin à la relation contractuelle entre les parties.

La Collectivité territoriale doit avoir à sa connaissance, l'ensemble des éléments lui permettant de déterminer avec précision les sommes dues au cocontractant. A ce titre, un décompte général et définitif (DGD) est établi afin de fixer le solde du marché.

Le défaut de mandatement du solde d'un marché tel qu'il résulte de la réglementation en vigueur peut faire courir de plein droit et sans autre formalité, au bénéfice du titulaire ou du sous-traitant, des intérêts moratoires à un taux supérieur de 2% au taux d'escompte de la BCEAO à compter du jour suivant l'expiration de ce délai.

**** ***

CHAPITRE IV
RÉCEPTION DES TRAVAUX.

4.1 RÉCEPTION DES TRAVAUX.

La réception des travaux est l'acte par lequel la Collectivité territoriale déclare accepter l'ouvrage, avec ou sans réserve, et constate que l'Entreprise titulaire du marché public a accompli ses engagements contractuels. En d'autres termes, elle a bien réalisé les travaux.

En général, la réception des travaux passe par deux étapes :

- une réception provisoire,
- une réception définitive.

La réception provisoire de travaux permet à la Collectivité territoriale de vérifier la qualité apparente du travail fourni et d'exiger des réfections si les travaux ne sont pas conformes aux stipulations du marché ou ne sont pas exécutés suivant les règles de l'art.

La réception définitive de travaux se fait un an après, car les défauts n'apparaissent pas tout de suite, il faut en général du temps avant qu'ils surviennent ou qu'on s'en aperçoive.

Si des problèmes sérieux apparaissent après la réception provisoire, il est possible de refuser la réception définitive. Si aucun problème n'est survenu, la réception définitive est acceptée et la retenue de garantie est libérée.

4.1.1 La réception provisoire des travaux.

La réception provisoire de travaux est demandée officiellement **(par lettre recommandée)** à l'expiration du délai d'exécution des travaux calculé par le Maître d'œuvre (ou par l'Assistant à la maîtrise d'ouvrage ou l'ingénieur-conseil, dans le cas contraire la Collectivité territoriale ou Maître d'ouvrage enverra, par recommandé, une mise en demeure (**ANNEXE T19**) dès que l'échéance sera dépassée.

La réception provisoire de travaux est habituellement demandée par écrit par l'Entreprise titulaire du marché public.

L'architecte assiste normalement le Maître d'œuvre dans cette démarche.

Au cours de la dernière réunion de chantier, le maître d'œuvre (ou par l'Assistant à la maîtrise d'ouvrage ou l'ingénieur-conseil) doit pouvoir avertir, les parties, de la nécessité d'envoyer un recommandé de demande de réception provisoire ou de mise en demeure.

Généralement, il est laissé à l'Autorité contractante le soin de définir le mode de réception et les conditions d'acceptation de la réception.

4.1.1.1 Le plan de récolement.

Sauf dispositions différentes du marché et indépendamment des documents qu'il est tenu de fournir avant ou pendant l'exécution des travaux, le titulaire du marché public remet au Maître d'œuvre ou à l'ingénieur recruté en appui-conseil, le plan de récolement.

Le plan de récolement est un plan qui intervient à la fin d'un chantier afin de vérifier les travaux réalisés. Il est fait à l'achèvement des travaux de construction afin de permettre la vérification de la conformité de la réalisation des travaux et des installations par rapport au plan initial. Le plan de récolement en trois (3) exemplaires, dont un sur calque :

a) au plus tard lorsqu'elle demande la réception : les notices de fonctionnement et d'entretien des ouvrages établies conformément aux prescriptions et recommandations des normes nationales et à la réglementation applicable ; et

b) dans un délai fixé à la suite de la réception : les plans et autres documents conformes à l'exécution, pliés au format normalisé A4.

Le plan de récolement permet ainsi de vérifier l'endroit où ont été placés des objets ou le lieu où ont été effectués les travaux différents de ce qui a été prévu au départ. Les endroits prévisionnels peuvent avoir été changés à cause de la nature du terrain à bâtir par exemple.

Le plan doit être à l'échelle du plan d'exécution, qui comporte le type et le diamètre des canalisations et les câblages ainsi que l'endroit exact où se trouvent. Le plan de récolement doit également présenter les mesures intermédiaires, la place où se trouvent les jonctions électriques, le tubage volontaire ou accidentel, etc.

4.1.1.2 Les opérations préalables à la réception (OPR).

L'initiative de la procédure d'opérations préalables à la réception provisoire appartient au titulaire qui avise la Collectivité territoriale et le Maître d'œuvre (ou par l'Assistant à la maîtrise d'ouvrage ou l'ingénieur-conseil, par écrit de la date à laquelle il estime que les travaux ont été ou seront achevés.

Après accord, le Maître d'œuvre (ou par l'Assistant à la maîtrise d'ouvrage ou l'ingénieur-conseil) convoque l'entreprise pour les opérations préalables à la réception.

Les opérations préalables à la réception (OPR) dans le cadre d'un marché de travaux, comportent différentes étapes assorties d'un formalisme important.

Le déroulement des opérations préalables à la réception est marqué par le principe dit "du contradictoire" ce qui suppose la présence de tous les intéressés à l'opération de construction. Le Maître d'œuvre procède aux opérations préalables à la réception dans le délai prévu.

La Collectivité territoriale, avisée par le Maître d'œuvre de la date des opérations pré~~alables à la réception,~~ peut y assister ou se faire représenter, l'Entreprise titulaire du marché public est naturellement convoquée, elle peut demander à ses sous-traitants d'y participer.

Au cours des opérations préalables à la réception, il est procédé à :

- la reconnaissance des ouvrages exécutés par rapport aux épreuves prévues se référer au plan de récolement ;
- la constatation éventuelle de l'inexécution de certaines prestations prévues ; la constatation d'imperfections ou malfaçons ;
- la constatation du repliement des installations de chantier et de la remise en état, des lieux, de l'achèvement des travaux.

Toutes les opérations menées font l'objet d'un procès-verbal dressé sur-le-champ par le Maître d'œuvre et signé par lui et par l'Entreprise titulaire du marché public ; si cette dernière refuse de le signer ; il en est fait mention.

En effet, la visite préalable permet de faire l'état d'avancement du chantier pour voir s'il est judicieux de planifier d'ores et déjà la réception.

Les opérations préalables à la réception font l'objet d'un procès-verbal dressé sur-le-champ, voir le modèle de procès-verbal (OPR) **(ANNEXE T 15).**

4.1.1.3 Réception provisoire des travaux.

A la fin des travaux, l'entrepreneur, le Comité de construction et l'ingénieur se retrouvent pour procéder à la réception provisoire des travaux après vérification du respect du cahier des charges et des plans élaborés dans le Dossier d'Appel à la concurrence. Un Procès-Verbal de réception provisoire est élaboré à cet effet **(ANNEXE T16).**

Les réserves constatées doivent être levées dans les délais fixés par le Procès-Verbal de réception provisoire. Le constat de levée des réserves est fait par le Comité de construction assisté de l'Ingénieur-conseil. Un procès-verbal de levée de réserves est établi à cet effet **(ANNEXE T17).**

Une demande de paiement éventuellement assorti d'un certificat de levée de réserves signé des membres du Comité de construction et de l'ingénieur permet le paiement de la troisième tranche du contrat.

4.1.1.4 Réception définitive et libération retenue de garantie

La réception définitive intervient six mois après la réception provisoire, elle permet une meilleure vérification technique de la qualité des travaux après l'utilisation de l'infrastructure. Un Procès-Verbal de réception définitive **(ANNEXE T18)** est établi à cet effet.

Les Procès-Verbaux de réception sont signés par :

- la Personne responsable des marchés de la Collectivité territoriale ;
- les membres du Comité de construction ;
- l'ingénieur-conseil ;
- l'entrepreneur ;
- un représentant du service déconcentré de l'Etat selon la nature de l'infrastructure réalisée.

La signature du Procès-Verbal de réception définitive permet la levée de la garantie de l'entrepreneur et par conséquent la libération de la retenue de garantie.

Tous les paiements au titre du contrat sont conditionnés par la présentation d'une facture (en deux exemplaires) de l'entrepreneur visé par les membres du Comité de construction et l'ingénieur-conseil accompagné comme pour les autres paiements de la demande de paiement proposé en annexe.

Les factures accompagnées de la demande de paiement sont présentées par l'Entrepreneur au Comptable du Trésor public pour paiement. La première demande de paiement, au titre du marché, adressée au Comptable du Trésor public devra obligatoirement être appuyée d'un exemplaire original du marché.

4.1.2 Le contrôle de l'exécution des marchés

4.1.2.1 Le Comité de construction

Dès l'attribution définitive du marché, un Comité de construction est mis en place par la Collectivité territoriale. Ce comité (appuyé par l'ingénieur-conseil) est chargé d'assurer le suivi de l'exécution de l'ouvrage jusqu'à sa réception définitive.

4.1.2.2 Le comité de gestion et d'entretien

Un comité composé de membres de la Collectivité territoriale bénéficiaire est mis en place dès la réception provisoire de l'ouvrage. Il est chargé d'assurer la gestion et l'entretien de l'ouvrage à partir de sa réception définitive. Le comité de gestion et d'entretien est mis en place avec l'aide de structures techniques de l'état pour certains types d'infrastructures (l'association des parents d'élèves pour les écoles (APE) et le comité de santé pour les infrastructures de santé).

4.1.2.3 L'assistant au maître d'ouvrage

L'Assistant à la maîtrise d'ouvrage peut-être la structure déconcentrée de l'Etat ou un privé possédant des compétences techniques pour effectuer au nom de la Collectivité territoriale, des contrôles ou des études, vérifier le contenu des Dossiers d'Appel à la concurrence, assurer le suivi périodique des travaux jusqu'à la réception définitive.

4.1.3 <u>Information sur l'exécution des marchés</u>

Au terme du programme de passation des marchés à tout le moins tous les six mois, il est important de donner des informations sur le déroulement des marchés :

- Information des populations par le Maire de la Collectivité territoriale
- Rapport annuel au Conseil de la Collectivité territoriale à lors de la présentation du budget de la Collectivité territoriale.

**** ***

CHAPITRE V
PROCÉDURES DE PASSATION ET D'EXÉCUTION DES MARCHÉS DE FOURNITURES

5.1 MODES DE PASSATION DES MARCHÉS DE FOURNITURES

5.1.1 La Demande de renseignements et de prix.

La Demande de renseignements et de prix (DRP) appelée aussi « Cotation » est une procédure qui, si elle est prévue par les textes réglementant les marchés publics donne à la Collectivité territoriale, la possibilité d'adresser simultanément, une demande à des entreprises de même envergure commerciale, pour obtenir des renseignements concernant les prix estimatifs et la disponibilité à leur niveau de biens ou de services précis.

La procédure de Demande de renseignements et de prix (DRP) peut être utilisée pour obtenir les renseignements dont a besoin « la Collectivité territoriale » à des fins de planification de son programme d'achats, ou à des fins de préparation budgétaire ou pour une comparaison de prix. Il est possible de distinguer trois types procédures de Demande de renseignements et de prix, il s'agit de :

- la Demande de renseignements et de prix simple ;
- la Demande de renseignements et de prix restreinte ;
- la Demande de renseignements et de prix à compétition ouverte.

5.1.1.1 Demande de renseignements et de prix simple

La Demande de renseignements et de prix simple (DRPS) est la procédure dont peut avoir recours la Collectivité territoriale lorsque le montant estimé du marché est très faible et n'a pas de risque significatif. Les dépenses qui s'y rapportent pouvant être faites sur la base de contrats écrits de forme libre ou de « mémorandum de dépenses ». Il est même possible que ces commandes soient dispensées de la forme écrite et donner lieu, à un règlement sur mémoires ou factures comme pour des dépenses faites en « bon père de famille ».

5.1.1.2 Demande renseignements et de prix à compétition restreinte

La Demande de renseignements et de prix à compétition restreinte (DRPR) est la procédure classique dont peut avoir recours la Collectivité territoriale pour les dépenses de petits et moyens montants pouvant présenter un certain risque.

La Collectivité territoriale doit obtenir et comparer un minimum de trois propositions de prix (factures pro forma) pour établir le caractère raisonnable du prix. La demande de factures pro forma doit être faite par écrit selon le modèle joint en **ANNEXE F1** pour fournitures en stock et **ANNEXE F 2** pour fournitures à fabriquer.

Elle doit décrire les fournitures objet de la consultation, les spécifications techniques, les quantités requises, les conditions de livraison et de paiement y compris les prestations connexes le cas échéant. Elle doit aussi indiquer la date et le lieu de dépôt des offres.

Afin de minimiser le risque de ne recevoir qu'une ou deux demandes de prix, il est fortement recommandé de solliciter plus de cinq demandes de prix lors de la requête initiale. Il est recommandé de faire une comparaison entre au moins trois demandes de prix. Une comparaison de moins de trois est justifiée uniquement s'il est établi de manière satisfaisante qu'il n'existe pas plus de deux sources autorisées pour ces fournitures.

La Collectivité territoriale devra s'assurer que les fournisseurs ou entrepreneurs sont bien installés et qu'ils sont réputés et qualifiés pour assurer la fourniture de ces biens et services. Pour des fournitures et matériels simples, tels que les tôles, le ciment, etc.

Les demandes de prix doivent être adressées à des fournisseurs qui disposent d'un stock suffisant pour l'objet de la consultation. Pour du matériel plus complexe tel que les ordinateurs, les motopompes, motos, etc., les demandes de prix doivent être adressées à des fournisseurs qui sont en mesure d'assurer le service après-vente.

a. <u>Soumission des offres de prix</u>

Les fournisseurs ou entrepreneurs soumettent leurs offres de prix par écrit en utilisant les modèles de formulaires joints à la demande de renseignements et de prix (DRP).

Aucune garantie de soumission ou de bonne exécution n'est nécessaire. Au cas où la Collectivité territoriale n'a pas reçu au moins trois propositions de prix dans le délai fixé, il vérifie auprès des fournisseurs interrogés s'ils ont l'intention de soumissionner et dans quel délai.

A moins d'une extrême urgence, ou si la Collectivité territoriale a déjà reçu au minimum trois offres de prix, elle peut fixer un délai supplémentaire raisonnable, par exemple trois jours de plus, afin de recevoir d'autres offres de prix. Elle pourra alors procéder à la comparaison des offres reçues.

b. <u>Comparaison des factures pro forma et attribution</u>

Les enveloppes contenant les offres sont ouvertes en public dans les mêmes conditions que l'appel d'offres classique. Les offres de prix (ou factures pro forma) sont comparées après vérification des calculs. L'offre, qui respecte le mieux le principe de l'économie (moins-disant), sera retenue, à condition que les spécifications de la Demande de prix soient respectées.

Une offre qui n'est pas moins-disant, ne peut être choisie qu'avec une bonne justification. Par exemple, un prix légèrement plus élevé peut être justifié par une livraison rapide ou une disponibilité immédiate en cas d'extrême urgence lorsqu'une livraison retardée peut être préjudiciable à la Collectivité territoriale. Dans de tels cas, cette condition doit être clairement indiquée dans la Demande de prix envoyée aux fournisseurs sinon elle ne peut être invoquée.

La Commission de passation des marchés de la Collectivité territoriale doit justifier sa décision d'attribution et conserver les pièces justificatives pour examen ultérieur par les missions de supervision ou par les auditeurs. Outre le tableau de comparaison des offres, préparé par la Commission de passation des marchés de la Collectivité territoriale selon le modèle en **ANNEXE F3.**

Il est important de joindre les pièces justificatives, telles que les spécifications techniques, les lettres d'invitation et inclure la liste des fournisseurs contactés et les factures pro forma reçues. Un contrat ou un bon de commande **ANNEXE F4** est établi à l'issue de la consultation et il doit être signé par la Personne responsable des marchés publics au niveau de la Collectivité territoriale.

5.1.1.3 Demande de renseignements et de prix à compétition ouverte (DRPCO).

La Demande de renseignements et de prix à compétition ouverte (DRPCO) est pour la Collectivité territoriale qui l'adopte, la procédure par laquelle, comme pour un appel d'offres classique, il est lancé un avis public d'appel à la concurrence pour délai minimal de dépôt des offres de 15 jours calendaires **(ANNEXE F5).**

La Commission de passation des marchés publics auprès de la Collectivité territoriale procède à l'évaluation **(ANNEXE F6)** en fonction des critères dans le Dossier d'Appel à la concurrence et soumet le rapport à la Personne responsable des marchés publics.

L'attribution du marché sera faite au Candidat qui a déposé l'offre qui répond au mieux à la déclinaison pour l'attribution du contrat de marché (Offre évaluée conforme ou autre) et dont le soumissionnaire est reconnu réunir les critères de qualification. Il est dressé un procès-verbal d'attribution définitive (**ANNEXE F7**).

Dès que le marché est approuvé, la Collectivité territoriale informe les autres Candidats du rejet de leurs offres et publie un avis d'attribution provisoire.

Pour l'information des candidats écartés (**ANNEXE F8**) et la procédure de contractualisation, utiliser la même procédure déroulée pour les marchés de travaux au chapitre deux de la partie précédente. Le contrat signé sera soumis à l'immatriculation.

5.2 LIVRAISON ET RÉCEPTION DES FOURNITURES

Quelle que soit la nature des prestations objet d'un marché public, la réception est l'acte par lequel une Autorité contractante constate que l'exécution des prestations demandées est conforme aux diverses prescriptions du marché. Les fournitures à livrer doivent être conformes aux prescriptions du marché et à l'offre du titulaire compte tenu des règles de l'art. Plusieurs documents vont circuler à cette étape d'une acquisition :

L'avis d'expédition des biens et équipements.

Il rappelle la date et la nature de la commande et est adressé au titulaire du marché par son fournisseur, préalablement à l'expédition, pour lui en donner les détails concernant la date, le lieu et le mode.

Le bordereau de livraison de biens et équipements.

Le bordereau de livraison de biens et équipements est le document, établi par le titulaire du marché à la préparation de la livraison, il accompagne la marchandise et est remis à la Collectivité territoriale ou à toute autre personne désignée par cette dernière, par le livreur. Il est généralement établi en deux exemplaires, l'un conservé par le livreur, l'autre servant pour la réception à partir duquel la Collectivité territoriale fait le point sur les fournitures reçues.

Le bordereau de réception des biens et équipements.

Ce document est en général un duplicata du bordereau de livraison des biens et des équipements, il est signé par le comptable des matières ou le réceptionnaire mandaté par la Collectivité territoriale.

La réception de biens, au sens large du terme, est donc l'acte par lequel la Collectivité territoriale déclare accepter les biens avec ou sans réserve directement des mains du livreur du titulaire du marché. Elle est faite par un réceptionnaire désigné par l'Autorité contractante.

L'acceptation des fournitures et des biens met fin aux obligations contractuelles du titulaire. Une réception de fournitures met donc le réceptionnaire mandaté par l'Autorité contractante face à deux acteurs que sont :

- ***le titulaire*** qui est responsable de la qualité et de la quantité des produits livrés par rapport à la commande passée dans le cadre du marché ;

- ***le livreur*** qui est responsable des avaries et manquants survenus au cours du transport, à condition qu'ils soient constatés à l'arrivée de la marchandise et en présence du chauffeur.

Le réceptionnaire a pour obligation de vérifier la conformité des fournitures et biens livrés avant de signer le bordereau de livraison.

Toute anomalie, concernant la livraison (avarie, article manquant par rapport au bon de commande et au bordereau de livraison.), doit être indiquée sur le bordereau de livraison qui sera contresigné par le réceptionnaire de la Collectivité territoriale.

Le contrôle des fournitures est une opération qui consiste à vérifier si les articles reçus sont conformes aux prescriptions du marché ou du bon de commande. Il s'applique aussi bien sur l'emballage et son contenu.

D'une manière générale, le contrôle des articles est à la fois qualitatif et quantitatif.

Le contrôle quantitatif. Le contrôle est quantitatif lorsque les vérifications sont basées sur le décompte des articles, un par un, ou en masse. Mais dans ce dernier cas, le comptable des matières peut avoir recours à la technique des sondages ou décompte aléatoire ou aux appareils de mesure.

Lorsque l'article reçu est un article composé, le décompte des quantités se fait d'abord sur l'article même, ensuite sur ses composants.

Le contrôle qualitatif. Le contrôle qualitatif est un jugement porté sur la qualité de l'article reçu. C'est-à-dire, sur son aptitude à satisfaire le besoin de son utilisateur. Il s'applique aussi bien sur l'emballage que sur le contenu de cet emballage.

Dans le cas d'une livraison de fournitures à installer, la réception sera une réception définitive qui ne sera prononcée qu'après l'installation et des essais concluants.

Une fois les fournitures contrôlées, au cas où elles seraient destinées à plusieurs utilisateurs, il est recommandé de dresser dans les meilleurs délais les « Actes de transfert » et procéder au "dispatching" ; les actes de transfert seront contresignés par les bénéficiaires qui indiqueront les quantités, les références des fournitures et équipements le cas échéant et procéder au "dispatching".

5.3 PAIEMENT DES MARCHÉS DE FOURNITURES

5.3.1 Paiement des fournitures

Normalement, les paiements ne sont effectués qu'après la réception définitive des fournitures et l'exécution des services connexes (par exemple: installation de l'équipement).

5.3.1.1 Paiement des fournitures fabriquées

Néanmoins, au cas où les fournitures nécessitent une fabrication locale (exemple, l'acquisition d'une pirogue ou autre équipement à fabriquer par un artisan local), les modalités de paiement doivent être adaptées.

Les modalités de paiement pourront être les suivantes :

- **<u>Paiement des fournitures à fabriquer,</u>**
  - versement d'une **avance de démarrage** qui peut aller jusqu'à **30% du montant du contrat**, assorti d'une garantie à 100% de l'avance **ANNEXE F9**;
  - **paiement d'un premier décompte** lorsque la fabrication aura atteint le niveau convenu (par exemple 35%) dans le contrat après déduction de la moitié de l'avance soit **un paiement effectif de 20%** obtenu à partir du calcul suivant : [(35% - (50% de l'avance de 30% qui égal à 15%) soit (35% - 15% = 20%] ;
  - **paiement du reliquat** pour une réalisation à 100% correspondant à un reliquat de paiement de 65 % du montant du contrat duquel il faudra déduire l'autre moitié de l'avance ; soit **un paiement effectif de 50%** obtenu à partir du calcul suivant : [(65% - (50% de l'avance de 30% qui égal à 15%) soit (65% - 15% = 50%].
  - **Vérification :** 50% avance + 20% premier acompte + 50% dernier acompte = 100% du montant du contrat.
- **<u>Paiement des fournitures en stock,</u>**
  - versement d'une avance de démarrage qui peut aller jusqu'à 20% du contrat assorti d'une garantie à 100% de l'avance **ANNEXE F10**;
  - paiement du reliquat (80%) à la réception et acceptation des fournitures.

****** *****

TROISIÈME PARTIE
Sélection de consultants par les Collectivités territoriales

**** ***

CHAPITRE I

GÉNÉRALITÉS SUR LA SÉLECTION DE CONSULTANTS

1.1. OBJET MARCHÉS PRESTATIONS INTELLECTUELLES.

L'objet des marchés de prestations intellectuelles ne consiste pas à produire un résultat matériel ou physiquement quantifiable, tel que la fourniture d'un bien. Le titulaire de prestations de services intellectuels n'est pas astreint à un résultat, il a une obligation de moyens.

Le Prestataire de services intellectuels (Consultant spécialiste) fournit à son client des recommandations issues de l'expérience (la sienne et/ou celle de son entité d'appartenance), appuyée par un diagnostic de la situation. Un spécialiste peut parfois, accompagner la mise en œuvre de ses recommandations, en tant que superviseur.

1.1.1. Services offerts par un Prestataire de services intellectuels ou (Consultant)

Une prestation intellectuelle est un service en conseil et peut s'appliquer à de nombreux domaines. Une liste non exhaustive de services ou missions, pour lesquels il est possible de recourir à un prestataire intellectuel, est présentée ci-dessous.

A titre d'exemples de prestations intellectuelles, on peut trouver : une formation, de la maîtrise d'ouvrage ; l'accompagnement dans la mise en œuvre d'activités ; des études diagnostiques ou l'élaboration de plans locaux de développement.

1.1.2. Raisons pour engager un prestataire.

Plusieurs raisons peuvent motiver une Collectivité territoriale à s'attacher les services d'un Prestataire de services intellectuels ou Consultant, notamment lorsqu'elle recherche des prestations empreintes :

- **De crédibilité** qui peut être un appui précieux dans une décision qui relève des champs de compétences de la Collectivité territoriale ;
- **D'objectivité** puisque n'ayant aucun intérêt personnel dans l'exercice de sa mission ce faisant, le Prestataire de services intellectuels lui apporte :
    - o **une expertise spécialisée** pour bien conseiller, faire bénéficier de nouvelles approches et traiter des problèmes critiques ;
    - o **une capacité de travail accrue**, caractérisée par une grande disponibilité et une bonne réactivité pour effectuer un diagnostic rapide de la situation de la mission et réaliser la mission dans les meilleurs délais ;
    - o **une confidentialité absolue**, parce qu'il est tenu à l'obligation de réserve sur les missions qu'il réalise.

Les collectivités territoriales peuvent faire appel à des Prestataires de services intellectuels ou Consultants pour réaliser des services qui portent sur des études, la confection de plans architecturaux, la supervision de travaux, la préparation de dossiers d'appel à la concurrence, des conseils techniques et pour assurer de la formation.

Une manifestation d'intérêt publiée au niveau régional par la Collectivité territoriale devrait permettre de recenser au préalable l'ensemble des consultants individuels et bureaux d'études susceptibles de réaliser les prestations envisagées par la Collectivité territoriale.

En fonction de leur statut, les Prestataires de services intellectuels ou consultants (individuels ou bureaux d'études) seront sélectionnés soit par leur expérience, soit par leurs qualifications.

Pour les besoins des Collectivités territoriales, il peut être fait recours aux modes de sélection suivants :

- **Sélection de Consultants individuels (SCI) par :**
  - la comparaison de Curriculum Vitae (Cv) suivi d'une sollicitation écrite de la seule proposition financière sur la base des termes de références transmis au Candidat le mieux classé grâce à son CV ;
  - la méthode qualité et coût (SQC) avec transmission préalable des termes de référence suivie du dépôt concomitant du CV servant de proposition technique et d'une proposition financière
- **Sélection de bureaux suivant :**
  - **la Méthode basée sur un Budget prédéterminé** pour les missions d'encadrement, de supervision ou de planification;
  - **la Méthode de sélection suivant la qualification (SQ)** avec la comparaison de plaquette des bureaux d'études sur une liste restreinte suivie d'une sollicitation écrite de la seule proposition financière sur la base des termes de références transmis au Candidat le mieux classé grâce aux informations sur sa plaquette;
  - **la Méthode qualité et coût (SQC)** avec transmission préalable des termes de référence suivie du dépôt concomitant des plaquettes des bureaux sur la liste restreinte qui servira de proposition technique et d'une proposition financière ;
  - **l'Entente directe**, après autorisation préalable des corps de contrôle compétents si un appel à la concurrence n'est pas faisable.

1.2. TERMES DE RÉFÉRENCE OU L'EXPRESSION DES BESOINS SPÉCIFIQUES POUR DES PRESTATIONS INTELLECTUELLES.

La première étape, primordiale, dans une procédure de passation de marchés de prestations intellectuelles est consacrée à la détermination des besoins. En effet, la réussite d'un travail collaboratif se joue avant la première rencontre avec l'équipe du Prestataire de services intellectuels ou Consultant. Il est nécessaire que la Collectivité territoriale sache, précisément, pourquoi elle fait appel à un prestataire de services intellectuels et ce qu'elle attend de ce dernier.

Cette expression des besoins se fait grâce à des termes de référence, que la Collectivité territoriale a la responsabilité de préparer ou de faire préparer pour chacune des missions qu'elle envisage de confier à un Prestataire de services intellectuels.

Pour satisfaire une sollicitation, le Prestataire de services intellectuels a d'abord besoin de comprendre globalement le travail qui lui est demandé, ensuite de connaître, en détail, les attentes qu'il doit satisfaire, enfin de pouvoir tenir compte des contraintes qui lui sont imposées.

La préparation des Termes de référence est un exercice parfois complexe. Comme toute commande de service sur « mesure », les termes de références doivent être clairs, complets, cohérents et fidèles.

Clairs : le Prestataire de services intellectuels ou Consultant doit comprendre la commande pour la satisfaire.

Complets : ils doivent contenir tous les éléments nécessaires pour permettre au prestataire de bâtir une méthodologie de qualité.

Cohérents : la plupart du temps, les Termes de référence pêchent par manque de cohérence. Ils sont, dans la plupart des cas, une sommation d'objectifs sans ordre de priorité. Les différentes parties doivent bien s'enchainer et présenter entre elles des liens logiques. La charge de travail doit être en harmonie avec les moyens prévus, en d'autres termes, l'ampleur des services décrits doit être compatible avec le budget disponible.

Fidèles : les Termes de référence doivent traduire les attentes du commanditaire et informer objectivement les Candidats sur la mission à effectuer et son contexte.

Les Termes de référence de chaque mission devront être confectionnés par les services techniques déconcentrés en s'inspirant du canevas proposé en **ANNEXE C1.**

****** *****

CHAPITRE II
SÉLECTION DE CONSULTANTS INDIVIDUELS

On désigne par consultant individuel ou Prestataire de services intellectuels particulier toute personne physique fournissant en solo des services à caractère intellectuel.

La sélection des consultants individuels se fait grâce à la comparaison de Curricula Vitae ou CV entre spécialistes présentant un profil en rapport avec les services demandés.

2.1 IDENTIFICATION DES PRESTATAIRES INTELLECTUELS INDIVIDUELS OU CONSULTANTS INDIVIDUELS

Dans la mesure où les Termes de référence auront été déjà préparés (s'inspirer du cadre indiqué à L'ANNEXE C1) et soumis à la suite des manifestations d'intérêt, la sélection proprement dite va démarrer avec l'identification d'au moins trois consultants (maximum six) ayant le profil requis pour les services objet des Termes de référence.

Les candidats peuvent être choisis à partir du registre (des consultants) établi à la suite des manifestations d'intérêt, ou choisis directement par la Collectivité territoriale bénéficiaire. L'identification est faite dans les deux cas avec l'assistance des services techniques déconcentrés de l'Administration.

2.1.1 Demande de Curricula Vitae et méthode qualité-coût.

Afin de faciliter la comparaison des propositions techniques, il sera demandé aux candidats identifiés de fournir leurs Cv selon un même format. A cet effet, la Commission de passation des marchés de la Collectivité territoriale enverra aux consultants **une demande avec un modèle de Curriculum Vitae** accompagnée des Termes de référence à retourner dans un délai d'une semaine **(ANNEXE C2)**.

Il est recommandé de contacter cinq à six candidats pour être assuré de recevoir au moins trois curricula vitae. Sur la base des Termes de référence, chacun des Candidats pressentis joindra à son CV (proposition technique) et **une enveloppe hermétiquement fermée contenant sa proposition financière forfaitaire pour effectuer la mission.**

2.1.2 Choix des critères de comparaison des curricula vitae

La demande de Curriculum Vitae adressée aux candidats doit contenir les critères de comparaison et de notation que sont sa qualification d'ordre générale c'est son niveau d'instruction ; l'expérience en relation avec la mission envisagée, bien connaître les us et coutumes de la zone du projet afin de faciliter son intégration et son acceptation.

Les critères sont les suivants :

CRITÈRES	POINTS MAXIMUM
Qualifications générales (Education - diplômes)	20
Nombre d'expériences pertinentes dans le domaine objet de la sollicitation	50
Connaissance du milieu et de la langue locale	30
Total	**100**

2.2 COMPARAISON DES CV ET MÉTHODE QUALITÉ COUT

Pour faire ressortir la qualité qui est l'essence d'une mission de prestations intellectuelles ; il est important de fixer un seuil de qualification, pour les Candidats qui ont déposé leurs CV, plaquettes ou propositions techniques, environ 70% des points maximum.

Toujours dans le souci de la recherche permanente de la qualité, il est possible d'appliquer des coefficients de pondération. Un coefficient de pondération peut être compris comme étant un facteur appliqué à un nombre en vue d'en modifier la valeur.

Pour donner plus de poids à la proposition technique qui en définitive conditionne l'issue de la mission, la part du score technique peut être portée à 80% de la note globale et le score financier à 20%. Ces proportions (80/20) constituent ce que l'on appelle les coefficients de pondération ou poids relatifs pour changer la valeur d'une note **ANNEXE C3.**

2.2.1 Prise en compte de la qualité de la proposition

A la date fixée pour le dépôt des Curricula Vitae et des propositions financières, la Commission d'évaluation procède, **dans un premier temps** à la comparaison et à la notation des Curricula Vitae reçus.

Pour évaluer les Curricula Vitae reçus, la Commission d'évaluation détermine le meilleur candidat sur chaque critère et lui attribue le maximum de points alloués à ce critère.

Le candidat classé deuxième sur chaque critère obtient la moitié des points sur le critère considéré.

Le candidat classé troisième sur chaque critère obtient le quart (1/4) des points de ce qui constitue le maximum pour ce critère et ainsi de suite jusqu'à ce que tous les candidats soient notés sur chaque critère.

Les candidats seront classés selon leur total de points respectifs. Pour être qualifié, tout Candidat dont le CV aura été examiné devra avoir au moins 70 points. Celui qui obtient le plus grand nombre de points au-delà des 70 points requis pour la qualification est classé premier du point de vue technique.

2.2.2 Prise en compte du coût de la proposition

Dans un second temps, les propositions financières de tous les Candidats qualifiés seront ouvertes, aux heure, date et lieu indiqués, pour les Candidats ayant obtenu une note supérieure à la note technique minimale indiquée.

Le nom du Candidat, la note technique obtenue et les prix proposés seront lus à haute voix et consignés par écrit dans le procès-verbal d'ouverture des propositions financières.

Pour la prise en compte de la valeur financière des propositions individuelles en cas d'utilisation de la méthode qualité coût, voir la procédure en (**ANNEXE C 13**), la proposition financière doit inclure la totalité de la rémunération du Consultant et les autres dépenses telles que les frais de déplacement de subsistance et d'impression des rapports, les frais de communication suivant un forfait qui couvre la durée de la mission etc.

2.3 NÉGOCIATIONS DU CONTRAT

Dès approbation de la sélection, la Commission de passation des marchés de la Collectivité territoriale demandera au consultant retenu de produire les références en rapport à son expérience et la photocopie de sa carte nationale d'identité (modèle de proposition technique et financière en **ANNEXE C5)**

Le consultant sera ensuite invité à proposer un planning d'exécution des prestations (à négocier) accompagné d'une proposition de prix (modèle de lettre d'invitation à négocier en **ANNEXE C4)**.

Le planning exécution et l'offre financière seront examinés par la Commission de passation des marchés de la Collectivité territoriale assistée des services techniques déconcentrés de l'Administration et le consultant. Les négociations doivent permettre d'exécuter les prestations de manière satisfaisante dans les limites du budget prévisionnel.

Les négociations constituent l'une des étapes du processus de passation de marchés de prestations intellectuelles. Si les négociations n'aboutissent pas, le consultant classé second sera invité, et ainsi de suite jusqu'à ce qu'un accord soit obtenu. Il est dressé un procès-verbal de négociations qui sera conservé par le secrétaire communautaire pour présentation aux auditeurs et aux missions de contrôle a posteriori.

2.3.1 Publicité de l'attribution du marché

Le Candidat individuel retenu (**ANNEXE C 6**) ainsi que les autres Candidats non retenus **(ANNEXE C 7)** doivent être informés du nom de l'attributaire final et du montant du marché ainsi que les partenaires de la Collectivité territoriale dans les mêmes formes utilisées pour saisir les Candidats et par affichage aux lieux indiqués).

2.3.2 Signature et exécution du contrat

Le contrat négocié est signé entre le consultant et de la Collectivité territoriale. Un modèle de contrat de consultant est présenté en **(ANNEXE C8).**

Le contrat est exécuté selon le planning convenu. Le suivi du travail du consultant est assuré par un comité de suivi composé de membres lettrés de la Collectivité territoriale assistée des services techniques déconcentrés de l'état. Les paiements seront effectués selon la progression des prestations assortie de livrables notamment le dépôt des rapports (études) ou autres produits (tels que plans ; dessins, etc.).

****** *****

CHAPITRE III
SÉLECTION DE BUREAUX D'ÉTUDES

3.1 PROCÉDURE DE SÉLECTION DE BUREAUX D'ÉTUDES

Le terme bureau d'études désigne toute personne morale fournissant des services à caractère intellectuel. Ces bureaux études également désignés sous le nom de « cabinets » sont utilisés lorsque la mission nécessite l'intervention de plusieurs spécialistes (c'est dire de plus d'un consultant individuel). La procédure de sélection est basée sur la comparaison des qualifications de trois à six cabinets figurant sur une liste restreinte préalablement établie par la Collectivité territoriale. Les étapes de la sélection sont décrites après.

3.1.1 Constitution d'une liste restreinte de bureaux études qualifiés

Dès lors que les Termes de référence auront été déjà préparés (voir modèle **ANNEXE C1)**, pour identifier les consultants bureaux d'études, il est possible de consulter le répertoire de cabinets qui ont manifesté leur intérêt à la suite de l'Avis général de passation des marchés ou un avis spécifique à manifestations d'intérêt publié par la Collectivité territoriale ou le vivier de la chambre des métiers ou à partir d'autres sources.

La sélection proprement dite va démarrer avec l'établissement d'une liste restreinte qui devra être constituée d'un minimum de cinq (maximum 6) bureaux études ayant pour spécialité ou activité principale en adéquation avec les services demandés ou à la mission envisagée. Il est recommandé de contacter cinq à six bureaux études pour être assuré de recevoir au moins trois propositions.

3.1.2 Invitation des cabinets

Afin de faciliter la comparaison des bureaux d'études, la Commission de passation des marchés de la Collectivité territoriale envoie aux cabinets sur la liste restreinte, une lettre d'invitation **(ANNEXE C7)** sans proposition financière (Méthode de sélection basée sur la qualification du Consultant (SQ)).

La proposition technique est à faire suivant le modèle **(ANNEXE C8)** sera déposée dans un délai de 21 jours et devra comprendre :

(i) les références ou missions similaires effectuées par le cabinet ;

(ii) les Curricula vitae des membres de l'équipe proposée avec leurs Expériences pertinentes pour la mission ;

(iii) les preuves pouvant corroborer que le cabinet dispose d'une expérience au niveau de la zone du projet ainsi que les experts afin de faciliter leur acceptation et intégration pour faciliter le travail.

La lettre d'invitation contenant les critères de comparaison et notation accompagnée d'un modèle de Curriculum Vitae **(ANNEXE C 9)** sera envoyée à chaque Candidat. Aussi pour pouvoir être pris en compte chaque consultant fera parvenir à la Collectivité territoriale une lettre de soumission technique (la plaquette de son Cabinet) avec comme critères :

CRITERES	POINTS MAXIMUM.
Références du cabinet (nombre de missions similaires)	20
Expérience pertinente des membres de l'équipe proposée	50
Connaissance du milieu et de la langue par les membres de l'équipe	30
Total	**100**

Le consultant fera parvenir à la Collectivité territoriale une soumission complète comprenant la plaquette et une proposition financière selon le modèle en (**ANNEXE C 10**).

3.1.3 Comparaison des qualifications techniques

A la date fixée pour le dépôt des Curricula vitae, la Commission de passation des marchés de la Collectivité territoriale procède à la comparaison et à la notation des qualifications des cabinets selon le modèle de fiche de notation en **(ANNEXE C11),** en adoptant la méthode qui suit.

3.1.3.1 Première étape : les références du Cabinet

La Commission d'évaluation compare les références fournies dans la lettre de soumission de dossier de candidature (le nombre de missions similaires) de chaque cabinet et attribue le maximum de points alloués à celui qui a le plus de références.

Le cabinet qui vient après pour le nombre de références obtient la moitié des points maximum. Le troisième obtient le quart des points, etc.

3.1.3.2 Deuxième étape : l'expérience des experts

La seconde étape permettra de comparer les Curricula vitae des membres des équipes proposées selon les critères prévus. Pour chaque profil, le meilleur obtient le maximum de points. Le deuxième obtient la moitié des points. Le troisième profil classé obtient le quart des points, ainsi de suite.

Le consultant qui engrangera le plus de points sur les différents profils sera reconnu comme ayant la meilleure équipe. Le premier du point de vue technique sera le cabinet qui aura obtenu le plus de points en additionnant ceux des références et ceux de l'équipe. Il est dressé un procès-verbal de sélection technique en s'inspirant du modèle en **(ANNEXE C 12).**

3.1.4 Prise en compte du coût de la proposition (ANNEXE C13)

Dans un second temps, les propositions financières de tous les Candidats qualifiés seront ouvertes, aux heure, date et lieu indiqués, pour les Candidats ayant obtenu une note supérieure à la note technique minimale indiquée.

Le nom du Candidat, la note technique obtenue et les prix proposés seront lus à haute voix et consignés par écrit dans le procès-verbal d'ouverture des propositions financières.

La proposition financière doit inclure la totalité de la rémunération du Consultant et les autres dépenses telles que les frais de déplacement de subsistance et d'impression des rapports, de communication etc.

3.1.4.1 Calcul de la note financière.

L'analyse des propositions financières des Candidats est l'étape la plus empreinte d'objectivité. Par application du principe directeur basée sur l'économie, la proposition financière la moins chère (PFmd) se verra attribuer une note financière (NFmd) de 100

$$Nf_{md} = (PF_{md}/PF_{md}) \times 100$$

Les notes financières pour les autres propositions seront calculées suivant la technique de la proportion inverse (chacune des notes financières sera inversement proportionnelle à son coût). On dit de deux grandeurs que l'une est proportionnelle à l'inverse de l'autre, si la valeur de l'une augmente, celle de l'autre diminue. Plus la proposition financière sera onéreuse, moins il engrangera de points.

Les autres notes financières sont calculées selon la formule suivante :

$$Nf_x = (PF_{md}/PF_x) \times 100$$

- **Nf_x** est la note financière ;
- **PF_{md}** la proposition moins disant ;
- **PF_x** le montant de la proposition à évaluer.

Par exemple :

Si la proposition 1, moins-disant s'élève à 12 millions F CFA a reçu une note financière de : 100 x (12/**12**) = 100.

La proposition 2 avec une proposition financière de 18 millions F CFA, aura une note financière de : 100 x (12/**18**) = 66 points

Nota bene : La méthode de passation et les coefficients de pondération (80/20) doivent être indiqués dans la Demande de Propositions et dans les Termes de référence remis aux Candidats.

3.1.5 L'évaluation technique et financière combinée

Il est recommandé de recruter de bons « Prestataires de services intellectuels » afin de pouvoir disposer d'une étude à haute valeur technique tout en appliquant le principe de l'économie, afin de favoriser les propositions les moins onéreuses. Cependant, lors de l'évaluation, la plupart du temps, la proposition financière est faite en termes monétaires, alors que la proposition technique est évaluée en points.

La réconciliation des données financières et des notes en chiffres se fait par l'intermédiaire des coefficients de pondération. L'effort devant être fait sur la proposition technique aussi, est-il généralement recommandé d'accorder la part la plus importante de la note globale à l'étude technique dans les proportions de 60 à 80 %.

Pour l'établissement du classement final, les poids respectifs attribués aux coefficients de pondération permettront de calculer les notes techniques et financières pondérées.

La note globale est obtenue par addition des notes techniques et financières pondérées. Il est dressé un procès-verbal de sélection (**ANNEXE C 13**) qui sera transmis pour approbation de la sélection à l'Autorité de la Collectivité territoriale.

3.1.6 Négociation du contrat

La Collectivité territoriale demandera, au cabinet classé premier, de fournir un planning d'exécution chiffre qui servira de base aux négociations en vue de la signature du contrat.

Les négociations menées par la Commission de passation des marchés de la Collectivité territoriale consistent à discuter le planning pour permettre une exécution satisfaisante du mandat.

Afin d'aboutir à des négociations efficaces, plusieurs étapes doivent être suivies et l'on doit s'intéresser :

- aux rapports de force en présence et surtout pas d'antagonisme ;
- aux explications par rapport à certains points de la proposition technique du Prestataire de services intellectuels.

Un aspect important des négociations de prestations intellectuelles est de « discuter des problèmes » en mettant sur la table, de manière diplomatique, mais ferme, toutes les insuffisances ou interprétations du « Prestataire de services intellectuels » consignées dans sa proposition technique notamment, sa compréhension des termes de références ; de cette compréhension dépend généralement la qualité de l'approche méthodologique.

Toute action contraire conduirait à changer les termes de la mise en concurrence, donc à rompre l'équilibre du marché. Les discussions et les améliorations à apporter ne doivent pas, en particulier, affecter la qualité technique de l'approche proposée, sa valeur financière, et la pertinence de l'évaluation initiale.

Les moyens en personnel prévus ne doivent pas être réduits de façon sensible dans le seul but de se conformer à un budget disponible. Le Candidat retenu ne peut être autorisé à remplacer le Personnel-Clé proposé dans son offre technique qu'avec l'agrément de la Collectivité territoriale, lorsque ce(s) remplacement(s) est (sont) indispensable(s) à la réalisation des objectifs de la mission.

Ces remplacement(s) ne sont envisageables qu'en cas de survenance d'événements inévitables pouvant entraîner un très grand retard dans le processus de sélection, ou pour des raisons d'incapacité, pour raisons médicales ou décès.

Il faut beaucoup de fermeté par rapport au remplacement d'un expert. On ne peut pas remplacer un expert sur la base de simples déclarations, il faut prouver son indisponibilité.

Au cas où l'on serait favorable au remplacement d'un membre du personnel-clé, il faudra que le personnel proposé en remplacement soit évalué suivant les dispositions qui avaient été consignées dans la Demande de propositions. Chaque expert à remplacer doit posséder des qualifications égales ou supérieures à celles de la personne initialement proposée.

Souvent, les négociations financières se résument à : pouvez-vous faire un effort sur votre proposition financière. L'objectif des négociations pour les prestations intellectuelles est de se concentrer sur les aspects autres que ceux liés au coût de l'intervention notamment pour les marchés au forfait. Les négociations financières n'ont pas pour but de marchander le prix, mais simplement de vérifier l'adéquation du planning avec le détail des coûts proposés par le consultant, d'autant plus que le contrat est au forfait. **On ne négocie pas une proposition financière au forfait.**Si les négociations n'aboutissent pas, le consultant classé second sera invité et ainsi de suite.

3.1.7 Signature et exécution du contrat

Au plus tard, 24 heures après les négociations, la Commission de passation des marchés de la Collectivité territoriale soumet à l'approbation du Maire, un dossier comprenant (i) le tableau de comparaison des qualifications et missions similaires des équipes et (ii) le projet de contrat négocié **(ANNEXE C11).**

3.1.8 Utilisation des services de l'Administration

Dans le cas où la Collectivité territoriale envisage de s'attacher les services d'une structure de l'Administration, il sera fait recours à une convention établie d'accord partie, la Collectivité territoriale prendra en charge les frais de fonctionnement et les frais de déplacement nécessaires à l'accomplissement de ces missions.

3.2 RÉCEPTION DES PRESTATIONS INTELLECTUELLES

Le plus clair du temps, le travail du Prestataire de services intellectuels ou Consultant est sanctionné par le dépôt des livrables (rapports écrits ou numérisés, logiciels, etc.) indiqués dans le Dossier de consultation ou dans la Demande de propositions pour les grandes missions.

A la réception des rapports, la Collectivité territoriale par l'entremise du coordinateur du contrat de marché, les transmet aux différents experts chargés de les exploiter et de partager sur leur contenu avec les utilisateurs finaux avant la tenue des réunions de validation.

L'exploitation du contenu des rapports et leur validation sont faites par un Comité d'approbation ou de validation. Ce comité valide à l'interne ou au cours d'une séance de restitution les rapports remis par le Prestataire de services intellectuels.

Pour la validation des rapports, le Prestataire de services intellectuels peut parfois être invité à présenter les fruits de son travail devant un panel d'experts ou de responsables du secteur de l'étude identifiés par la Collectivité territoriale.

Cette présentation par le Prestataire de services intellectuels de son travail est souvent suivie de discussions techniques aux termes desquelles le Comité d'approbation ou de validation, suivant les orientations et indications prévues par les termes de référence, approuve ou non le ou les différents rapports.

Pour l'organisation matérielle de la restitution ou réunion des comités de validation, ne jamais donner, au Prestataire de services intellectuels la possibilité de l'organiser pour le compte de la Collectivité territoriale, quel que soit le nombre d'experts conviés à la réunion de restitution.

3.3 <u>RÉCEPTION DÉFINITIVE DES PRESTATIONS INTELLECTUELLES</u>

L'examen des rapports est généralement suivi d'observations ou suggestions visant à améliorer la qualité du rapport. Le Prestataire de services intellectuels intègre les observations et suggestions en reprenant certains passages du ou des rapports.

Le dernier paiement est généralement lié à la remise par le Prestataire de services intellectuelles et approbation par la Collectivité territoriale du rapport intitulé « Rapport final » et de la facture intitulée « facture finale ». Alors à ce moment, les prestations seront achevées et acceptées par la Collectivité territoriale.

Les obligations contractuelles s'éteignent lorsque les rapports finaux sont validés.

**** ***

QUATRIÈME PARTIE

ANNEXES

PASSATION DES MARCHÉS PAR LES COLLECTIVITÉS TERRITORIALES

**** ***

ANNEXES
CADRE RÈGLEMENTAIRES

★★★★ ★★★

ANNEXE 1

MODÈLE DE PLAN DE PASSATION DES MARCHÉS TRAVAUX ET FOURNITURES DIRECTION DES MARCHÉS PUBLICS

Ex de Plan de passation des marchés Travaux et Fournitures

N°	Objet du marché		catégorie	Coût estimatif (millions de F CFA)	Avis sur Dossier consultation		Publication	Ouverture publique des offres	Rapport d'évaluation		Exécution		
					Transmission DCMP ou CPM	Avis DCMP ou CPM			Transmission DCMP ou CPM	Avis DCMP ou CPM	Signature Contrat	Début	Fin
Marchés par Demande de renseignements et de prix simple													
1	Acahat de3 appareil dymo	Prévu	F	,0,125	03/05/2019	10/05/2019	NR	25/05/2019	27/05/2019	30/05/2019	05/06/2019	07/06/2019	14/06/2019
		Réalisé											
..	....	....		....	....	....	....	....	....	....	....	....	....
Marchés par Demande de renseignements et de prix ouverte													
8	Réhabilitation des locaux de CITRF	Prévu	T	63	05/05/2019	12/05/2019	17/05/2019	01/06/2019	11/06/2019	18/06/2019	28/06/2019	28/07/2019	25/12/2019
		Réalisé											
..	....	....		....	....	....	....	....	....	....	....	....	....
Marchés par Appel d'offres ouvert													
15	Achat huit véhicules	Prévu	F	160	02/01/2019	09/01/2019	14/01/2019	13/02/2019	28/02/2019	07/03/2019	17/03/2019	16/04/2019	15/07/2019
		Réalisé											
16	achat matériels de bureau	Prévu	F	80	04/03/2019	11/03/2019	16/03/2019	15/04/2019	30/04/2019	07/05/2019	17/05/2019	16/06/2019	15/08/2019
		Réalisé											
..	....	....		....	....	....	....	....	....	....	....	....	
22	Revue dépenses petits ruminants	Prévu	PI (SQC)	15	12/02/2019	19/02/2019	24/02/2019	26/03/2019	10/04/2019	17/04/2019	27/04/2019	27/05/2019	11/07/2019
		Réalisé											

ANNEXE 2

AVIS GÉNÉRAL DE PASSATION DE MARCHÉS

(En-tête) **N° / /**

Collectivité territoriale **A , le**

(À publier par le Maire de la Collectivité territoriale)

1. La Collectivité territoriale de________________________________ dans le cadre de ses activités de développement envisage de passer des marchés sur les ressources allouées au titre de l'année budgétaire 20XX ou sur financement obtenu de_____[1]

2. ___ (nombre) marchés sont programmés pour être exécutés dans la Collectivité territoriale au cours de l'année 20XX et concernent des travaux, fournitures et services intellectuels :

- i) construction de ____
- ii) acquisition de ____
- iii) services de consultants pour____________________________________

Pour soumissionner Vous/votre entreprise devez remplir les conditions suivantes :

[*choisir dans la liste suivante le type approprié de marché*]

3. Pour les contrats de génie civil [la liste de travaux similaires accomplis; posséder ou être en mesure de louer l'équipement pour les travaux;....];

4. Pour les fournitures [apporter la preuve que l'entreprise a les marchandises nécessaires en stock ou sera en mesure de se les procurer dans un bref délai, apporter la preuve que l'entreprise a dans la région les installations requises;....]

5. Pour l'emploi de consultants [apporter la preuve que la/les personne(s) ont la formation, l'expérience appropriées pour exécuter cette tâche ; présenter des copies de documents préparés pour ce types de services (au minimum deux cas)]

6. La sélection d'entrepreneurs, fournisseurs et prestataires de service sera faite par la Collectivité territoriale. Pour promouvoir une concurrence adéquate entre les parties compétentes, le Maire de la Collectivité territoriale de ___________Région de _______ invite les candidats intéressés à se faire connaître en envoyant une lettre d'intention accompagnée de leurs références

7. La Commission de passation de la Collectivité territoriale préparera une liste de soumissionnaires potentiels et qualifiés et la présentera au Conseil de la Collectivité territoriale qui, en fonction de la formule qu'elle aura adoptée, pourra **(1)** émettre des avis d'appel d'offres ou **(2)** envoyer une invitation formelle de soumissionner ; ou **(3)** inviter à des négociations pour la conclusion d'un contrat.

8. Les sociétés ou personnes intéressées peuvent obtenir de plus amples informations auprès du secrétaire communautaire à l'adresse suivante : __________________

9. Pour faire partie de la première liste, des Lettres d'Intention et références devront être envoyées au Maire de la Collectivité territoriale avant le___________________

Le Maire de la Collectivité territoriale

Nom et Prénoms

[1] Indiquer la source de financement

MARCHÉS DE TRAVAUX

DEMANDE DE RENSEIGNEMENTS ET DE PRIX À COMPÉTITION OUVERTE

....

PAR APPEL D'OFFRES

**** ***

DEMANDE DE COTATION SIMPLE POUR TRAVAUX

**** ***

ANNEXE T1

(En-tête) **N°** / /

Collectivité territoriale **A** **, le**

Le Maire de la Collectivité territoriale

A

Monsieur le Directeur

de ________________________________

(Nom de l'entreprise).

Objet : Demande de cotation de prix pour des travaux

[A adresser à au moins cinq entreprises inscrites sur le registre constitué suite à l'Avis général d'appel d'offres]

Madame, Monsieur,

Dans le cadre de l'exécution du plan d'investissement annuel de la Collectivité territoriale de __________________________ il est prévu de procéder à l'exécution des travaux désignés ci-après : ______________________________

qui sont décrits plus en détail dans le descriptif technique, ci-joint, accompagné des documents ci-après :

1. le formulaire d'estimation des quantités que nous vous demandons de bien vouloir chiffrer
2. le modèle de planning exécution des travaux à remplir
3. le modèle de contrat à signer si votre offre était retenue.

Votre offre chiffrée et accompagnée des documents listés ci-dessus devront être retournés au plus tard le ____________ à ______ heures précises, sous enveloppe cachetée adressée à ______________________________ avec la mention « Consultation restreinte » pour les travaux de ______________________________
____

Les travaux sont à exécuter dans un délai de ________ semaines à partir de la signature du contrat de marché.

Veuillez agréer, **M** __________________, l'assurance de ma considération distinguée.

Le Maire de la Collectivité territoriale

(Prénoms et nom, signature et Cachet)

ANNEXE T2

(En-tête) **N° / /**
Entreprise soumissionnaire **A , le**

FORMULAIRE SOUMISSION COTATION

A

Monsieur Le Maire de la Collectivité territoriale

____

(Nom de la Collectivité territoriale).

Messieurs et/ou Mesdames,

Après avoir examiné le Dossier de Demande de renseignements et de prix (DRP) dont nous vous accusons ici officiellement réception, nous soussignés, offrons exécuter les travaux indiques ci-dessus conformément au planning d'exécution ci-joint et pour la somme de _______________________________________

[Prix total de l'offre en chiffres et en lettres]

tels que détaillée dans le Formulaire d'estimation des quantités ci-joint et qui fait partie de la présente cotation.

Nous nous engageons sur les termes de cette offre pour une période de 30 jours à compter de la date fixée pour l'ouverture des plis, telle que stipulée dans la Lettre de Demande de renseignements et de prix (DRP) ; l'offre continuera à nous engager et pourra être acceptée à tout moment avant la fin de cette période.

Jusqu'à ce qu'un marché en bonne et due forme soit préparé et signé, la présente offre complétée par votre acceptation écrite et la notification d'attribution du marché constituera un marché nous obligeant réciproquement.

Date _______________________________________

Signature*]* *[titre]* _______________________ dûment autorisé à signer une offre pour et au nom de _______________________

(Nom de l'Entreprise)

1. FORMULAIRE D'ESTIMATION DES QUANTITÉS

(A remplir par l'entrepreneur comme partie intégrante de sa soumission)

Matériaux (*ciment, planches en bois, fenêtres, etc.*)	**Quantité nécessaire**	**Coût unitaire**	**Coût total de l'article**	**Coûts financés en nature par la Collectivité territoriale**	**Coûts préfinancés par l'entrepreneur**
Total partiel des coûts	-	-	-		
Main-d'œuvre	Nbre. de jours de travail	Coût / jour de travail	Total partiel des coûts	Coûts financés en nature par la Collectivité territoriale	Coûts préfinancés / l'entrepreneur
Main-d'œuvre spécialisée					
Main-d'œuvre non spécialisée					
Coûts main-d'œuvre					

Coûts des matériaux et de la main-d'œuvre : ______________________

Frais généraux : ______________________

Coût total : ______________________

Prix total de l'offre ______________________

(Somme globale en toutes lettres)

2. FORMULAIRE PLANNING D'EXÉCUTION DES TRAVAUX PAR POSTE DE TRAVAIL

Le soumissionnaire indiquera sur cette feuille les détails du programme de construction proposé, c'est-à-dire des activités principales conformément au délai d'exécution qu'il a, lui-même, proposé ou qui a été imposé par le Maître de l'ouvrage. L'utilisation d'un chronogramme est souhaitable. Le soumissionnaire peut utiliser autant de feuilles que nécessaire.

N°	Description	Durée	Date de début	Date de fin
1				
2				
…				

Date : ______________________________

____

(Signature et fonction)

APPEL D'OFFRES POUR TRAVAUX

**** ***

ANNEXE T2

(En-tête)
Collectivité territoriale

DOSSIER D'APPEL A CONCURRENCE TRAVAUX

Procédures simplifiées de passation de marchés des Collectivités territoriales et Organisations collectives de base

Travaux de ____

____

Date ___/ __/ 20XX_

SECTION I - AVIS D'APPEL D'OFFRES

1. La Collectivité territoriale de ________________________________

Région de ______________________________dans le cadre de l'exécution de ces activités de développement inscrites dans son Plan de Développement territorial de l'année 20XX___envisage de passer sur le budget de l'année ____ le marché de __________________ réparti en ____ lots indivisibles comme suit.

Lot 1: ____

Lot 2:____

Lot 3:_________________ _________________________[2]

2. Le financement des travaux est assuré par budget de la Collectivité territoriale (%) et autre (%).

3. Le présent appel à la concurrence s'adresse aux entreprises remplissant les conditions ci-après.

- Etre inscrit au registre du commerce ou à la chambre des métiers en règle avec la législation fiscale ;
- Avoir réalisé des travaux similaires ou des ouvrages d'une certaine importance ;
- Avoir ou pouvoir louer l'équipement nécessaire pour les travaux objets de cet appel à la concurrence ;
- Disposer des capacités financières requises pour exécuter le marché ;

4. Les entreprises qualifiées désireuses de soumissionner peuvent se procurer le Dossier d'Appel à la concurrence au siège de la Collectivité territoriale du __________au__________ (date) de ______à_____ (heures), moyennant un paiement de ___________________________ FCFA non remboursables par remise de chèques bancaires ou postaux ou par versement direct à la caisse du trésorier du comité de gestion des fonds contre délivrance d'un reçu établi par le secrétaire communautaire.

5. Les offres des soumissionnaires devront être déposées au siège de la Collectivité territoriale à l'adresse ci-après ________________________

____________________avant le __________à ______heures précises.

Les offres déposées en retard ne sont pas acceptées. L'ouverture des plis aura lieu le même jour à ____.

Le Maire de la Collectivité territoriale____________

(Prénoms et Nom)

____

(Signature et cachet)

[2] Enlever au cas où il n'y aurait pas d'allotissement

SECTION II. INSTRUCTIONS AUX SOUMISSIONNAIRES

&

DONNÉES PARTICULIÈRES DE L'APPEL À LA CONCURRENCE

1. OBJET DE L'APPEL À LA CONCURRENCE

1.1. Les travaux à réaliser dans le cadre de cet appel à la concurrence comprennent les lots indivisibles ci-après :

Lot 1 : ____

Lot 2 : ____

Lot 3 : ____

2. ORIGINE DES FONDS

2.1. Le financement des travaux est assuré par le budget de la Collectivité territoriale de ______________________ hauteur de (%) du montant des travaux et les autres (%) seront couverts par________________.

3. MODALITÉS DE L'APPEL D'OFFRES

3.1. Le présent marché est à prix unitaires, fermes et non révisables, selon le Bordereau des prix unitaires et le détail quantitatif – estimatif faisant partie du marché.

OU (SUPPRIMER L'OPTION NON RETENUE)

3.2. Le présent marché est à prix global forfaitaire, ferme et non révisable décomposé suivant le cadre du devis estimatif faisant partie du marché.

4. ADMISSIBILITÉ DES SOUMISSIONNAIRES

Cet appel d'offres est ouvert à tous les soumissionnaires qui prouveront de manière satisfaisante qu'ils sont en règle par rapport à la législation et qu'ils ont la capacité requise pour exécuter le marché dans les conditions définies à point 6 ci-dessous. Les offres présentées par un groupement d'entreprises doivent être signées de manière à engager tous les membres du groupement qui désignera un mandataire.

5. DOCUMENTS ÉTABLISSANT LA QUALIFICATION DES SOUMISSIONNAIRES

Les soumissionnaires doivent faire la preuve de leur capacité à satisfaire aux clauses et obligations de l'Appel à la concurrence ; à cette fin, leur offre doit obligatoirement fournir les informations exigées dans les documents suivants sous peine de rejet :

5.1. Au niveau administratif :

- une copie du récépissé d'immatriculation au registre du commerce;
- un quitus fiscal (incluant le NINEA) en cours de validité ;

5.2. Au niveau technique :

- une liste des travaux similaires réalisés au cours de chacune des cinq dernières ;
- la liste des principaux matériels de construction proposés pour les travaux;
- les qualifications et expériences des principaux responsables proposés pour exécution des travaux.

5.3. Au niveau financier :

Présenter des pièces attestant que le soumissionnaire dispose de liquidités ou a accès à des facilités de crédit égales à au moins 30 % du montant du marché.

6. CRITÈRES DE QUALIFICATION

6.1. Pour se voir attribuer le Marché, les soumissionnaires devront satisfaire au minimum aux critères suivants :

a. être inscrit au registre de commerce et présenter un quitus fiscal en cours de validité.

b. avoir réalisé avec succès en tant qu'entreprise principale au moins 2 ouvrages de nature et de complexité similaires aux travaux objet du présent appel d'offres ;

c. disposer des liquidités ou des facilités de crédit, égales à au moins 30% du prix de leur offre

d. disposer de moyens suivants à affecter sur le chantier :

En personnel qualifié ____

____

____

____

(Lister, le nombre et les qualifications) :

En matériel ____

____

____

[Type et nombre des principaux engins et matériel minimum nécessaire par lot ou pour l'ensemble des lots]

6.2. Le soumissionnaire indiquera les dispositions prises pour l'acquisition en temps voulu (achat, location, etc.) du matériel essentiel proposé et fournira une note descriptive de l'organisation et du planning des travaux.

6.3. Un historique de contentieux fréquents ou d'arbitrage prononcés contre le soumissionnaire ou l'un de ses partenaires peut militer en sa disqualification.

7. VISITE DES LIEUX

7.1. Il est conseillé au soumissionnaire de visiter les sites des travaux et leurs environs et d'obtenir toutes les informations nécessaires à la préparation de l'offre et à la conclusion d'un contrat. Le coût de la visite sur le terrain ainsi que tous les frais associés à la préparation de l'offre seront aux frais du soumissionnaire.

8. CONTENU DU DOSSIER D'APPEL À LA CONCURRENCE

8.1. L'ensemble des documents énumérés ci-dessous font partie du Dossier d'Appel à la concurrence :

- Avis d'appel d'offres (Section I)
- les présentes instructions aux soumissionnaires (section II)
- le contrat (section III) ;
- bordereau des prix et détail quantitatif et estimatif/ ou décomposition du prix global forfaitaire suivant le cadre du devis estimatif. (Section iv)
- les prescriptions techniques y compris les plans et dessins (section v)
- les modèles de soumission et formulaires annexes. (Section VI).

9. DOCUMENTS CONSTITUTIFS DE L'OFFRE

9.1. L'offre doit obligatoirement comprendre les pièces et les documents suivants :

- la soumission datée et signée,
- le devis quantitatif et estimatif rempli daté et signé,
- le bordereau des prix unitaires, rempli avec l'indication des prix unitaires en chiffres et en lettres, daté et signé, ou
- la Décomposition du prix global forfaitaire suivant le cadre du devis estimatif
- les informations établissant qualification du soumissionnaire,
- le planning des travaux

9.2. L'attention du soumissionnaire est attirée sur le fait que les quantités mentionnées dans le Détail quantitatif - estimatif ne sont que des quantités estimées. Les soumissions doivent obligatoirement préciser, en utilisant le modèle de Bordereau de prix unitaires et Détail quantitatif - estimatif joint au présent Dossier d'Appel à la concurrence, toute proposition éventuelle de modification des prix unitaires mentionnés dans le Bordereau des prix unitaires de référence. Il en est de même de la modification du prix total de l'offre qui en résulte.

OU (SUPPRIMER L'OPTION NON RETENUE)

9.3. L'attention du soumissionnaire est attirée sur le fait que les quantités mentionnées dans le Devis estimatif ne sont que des quantités estimées et que la décomposition du prix global et forfaitaire y figurant n'est qu'indicative. Les soumissions doivent obligatoirement préciser en utilisant le modèle de décomposition du prix forfaitaire joint au présent Dossier d'Appel à la concurrence toute proposition éventuelle de modification de la décomposition du prix forfaitaire, ainsi que la modification du prix global de l'offre qui en résulte.

10. PRIX DE L'OFFRE

10.1. Les offres seront exprimées en franc CFA et les montants dus au titre du marché à l'Entreprise seront réglés dans cette même monnaie. Le prix est ferme et non révisable.

10.2. Les soumissionnaires sont informés que le Maître de l'ouvrage entend prendre à sa charge une partie du coût des travaux comme suit :

Main-d'œuvre non qualifiée (par exemple, manœuvre) estimée à ____________________ F CFA dont la liste est la suivante :

1____________________
2____________________
3____________________

Matériaux estimés à ____________________ FCFA dont la liste est la suivante :

1____________________
2____________________
3____________________

(Par exemple : Ciment, sable, bois et poutrelle de coffrage, etc....) -

10.3. Ces contributions du Maître de l'ouvrage représentent des sommes provisionnelles dont les soumissionnaires devront tenir compte dans le calcul du prix de leur offre.

11. VALIDITÉ DE L'OFFRE

11.1. L'offre doit être valide pendant une période de 30 jours après la date d'ouverture des plis indiquée dans la Clause 13 ci-dessous. Une offre valable pour une période plus courte sera rejetée comme non-conforme.

12. SCELLAGE ET MARQUAGE DES OFFRES

12.1. Le Soumissionnaire placera l'original et une (1) copie de l'offre dans des enveloppes séparées et cachetées portant la mention « ORIGINAL » et « COPIE », selon le cas. Ces enveloppes seront ensuite placées dans une enveloppe extérieure qui devra également être cachetée. L'enveloppe extérieure devra porter les indications suivantes :

Destinataire ______________________________________

Appel à la concurrence pour______________________________

Description de l'objet de l'appel d'offres),

Lot (s) No____________________________________

Les mots : « SOUMISSION NE PAS OUVRIR » avant le ______ [date]

13. RÉCEPTION ET OUVERTURE PUBLIQUE DES OFFRES

13.1. Les offres seront remises contre reçu au plus tard le __/__/ 20XX___ à _______heures précises à l'adresse ci-après ____________________ ____.

Toute offre reçue en retard sera rejetée et retournée non ouverte.

13.2. Les offres seront ouvertes immédiatement après l'heure limite de dépôt indiquée ci-dessus. Le nom de chaque soumissionnaire, le montant de chaque offre et la présence ou l'absence des documents constitutifs de l'offre seront lus à haute voix et consignés au procès-verbal de la séance qui sera affichée au lieu de dépouillement des offres.

13.3. La commission de dépouillement des offres ne prendra pas de décision immédiate sur la recevabilité ou la non- recevabilité des offres au moment du dépouillement.

14. ÉVALUATION ET COMPARAISON DES OFFRES

14.1. Après la séance de dépouillement, la Commission d'analyse des offres constituée par le Maître de l'ouvrage se retire pour procéder à l'évaluation des offres

14.2. La Commission d'analyse des offres s'assurera d'abord que les offres ont été correctement signées ; et sont d'une manière générale en ordre. Une offre pourra être rejetée pour les causes suivantes :

- soumission non signée ou non présentée d'après le modèle fourni
- offre ou pièce non signée, prix incomplets du détail estimatif ;
- si le soumissionnaire remet plusieurs offres sous le même nom ou des noms différents ;
- s'il existe une preuve de collusion entre soumissionnaires ;
- si l'offre ne satisfait pas aux conditions et spécifications requises.

14.3. Les offres conformes seront ensuite vérifiées pour toute erreur arithmétique. S'il y a une différence entre les montants en chiffres et ceux en lettres, les montants en lettres prévaudront. S'il y a une différence entre le coût unitaire et le total obtenu en multipliant le coût unitaire par la quantité, le coût unitaire prévaudra. Si un soumissionnaire refuse une correction, son dossier sera rejeté.

14.4. Si l'offre moins-disant dépasse l'enveloppe budgétaire, le Maître de l'ouvrage procédera à un réaménagement de la masse des travaux pour aboutir à un contrat satisfaisant pour les deux parties sans nuire à la qualité de l'ouvrage.

14.5. Lors de l'évaluation pour se prémunir des offres anormalement basses, il sera fait recours à la formule dite de la "double moyenne'' qui a trait à l'utilisation d'un *critère mathématique aux fins de déterminer quelles offres apparaissent avec des prix aberrants, pour après procéder à une vérification contradictoire des offres incriminées.*

- **Etape 1 :** il est calculé la moyenne des offres acceptées pour évaluation détaillée (M1), sans tenir compte de l'offre la moins élevée et la plus élevée.
- **Etape 2 :** toutes les offres d'un montant supérieur à **1,2 * M1**, c'est-à-dire (20% au-dessus de M1) seront éliminées
- **Etape 3 :** il est calculé la moyenne des offres non éliminées (M2)
- **Etape 4** : Toute offre dont le montant sera inférieur à **0,85 * M2**, c'est-à-dire (15% au-dessous de M2) sera identifiée comme anormalement basses ou avec des prix aberrants.

Les offres détectées anormalement basses feront l'objet d'un examen particulier dans les conditions suivantes :

a) Il sera demandé, par écrit des précisions sur la composition de leurs offres, aux candidats concernés. Ceux-ci devront, dans le délai de 3 jours, à compter de la réception de la demande de clarifications de la Collectivité territoriale, fournir par écrit les justifications qu'ils jugent suffisantes.

Ces justifications auront trait aux modalités d'exécution de la prestation, l'originalité de l'offre, les conditions favorables dont disposerait un Candidat pour proposer de tels prix notamment, tous les éléments pouvant faire l'objet d'un stock seront justifiés par ce dernier.

Ces éléments de stock devront être en cohérence avec les factures d'achat et sa comptabilité matières (justifications des quantités à l'entrée, les utilisations faites et le solde).

b) Les Candidats qui n'auront pas déposé les justifications au terme de ce délai verront leurs offres rejetées.

En revanche, si les explications fournies ne permettent pas d'établir le caractère économiquement viable de l'offre eu égard aux capacités économiques, techniques et financières contenues dans les documents préalablement déposés par le Candidat, cette offre sera rejetée.

14.5.1. **<u>VÉRIFICATION DE CAPACITÉ ET ATTRIBUTION DU CONTRAT</u>**

Le Maître de l'ouvrage déterminera si le Soumissionnaire ayant soumis l'offre conforme évaluée moins-disant satisfait aux critères de qualification définis à l'article 6 ci-dessus.

Si le soumissionnaire ayant l'offre moins-disant répond à tous les critères de qualification, il est déclaré attributaire provisoire. Dans le cas contraire, il est examiné l'offre du soumissionnaire classé 2e. Si celui-ci ne remplit pas les critères de qualification ; il est examiné l'offre du soumissionnaire classé 3e et ainsi de suite jusqu'à attribution du marché.

14.5.2. NOTIFICATION DE L'ATTRIBUTION

Le Maître de l'ouvrage notifiera le soumissionnaire gagnant que son offre a été acceptée. Cette notification précisera la somme que le Maître de l'ouvrage paiera à l'entrepreneur pour l'exécution des travaux. Parallèlement, le maître de l'ouvrage enverra aussi au soumissionnaire le contrat spécifiant tous les accords passés entre les deux parties.

Les autres soumissionnaires seront informés du nom de l'attributaire final ainsi que du montant du marché dans les mêmes conditions de publicité que le présent appel d'offres.

14.5.3. DÉLAI D'EXÉCUTION DES TRAVAUX

Les travaux doivent être exécutés dans un délai maximum de _____jours à partir de la réception de l'ordre de service.

14.5.4. MANŒUVRES FRAUDULEUSES

Tout soumissionnaire coupable de corruption ou tendant à influencer les représentants du Maître de l'ouvrage verra son offre écartée et exclue de la procédure pendant une durée qui lui sera notifiée par la lettre d'exclusion.

SECTION III CAHIER DE PRESCRIPTIONS TECHNIQUES (ET PLANS)

(Le préparer avec l'assistance de l'ingénieur-conseil)

Il s'agit du descriptif des travaux. Il faut disposer des plans et les dessins pour après donner le détail du descriptif et de la consistance des travaux à réaliser.
Douze points à renseigner ont été recensés.

DESCRIPTIF TECHNIQUE DES TRAVAUX DE BÂTIMENTS

I. Dispositions générales

II. Terrassement- démolition et gros-œuvre

III. Etanchéité

IV. Menuiseries-bois

V. Menuiserie métallique – ferronnerie

VI. Menuiserie aluminium – vitrerie

VII. Réseaux pour eau potable + sécurité incendie

VIII. Assainissement

IX. Carrelage – revêtement

X. Electricité - courant faible

XI. Peinture

XII. Annexe Plan gestion environnemental et sauvegarde (PGES)

SECTION IV.

FORMULAIRES DE SOUMISSION A UN MARCHÉ

(En-tête) **N° / /**

Entreprise soumissionnaire **A , le**

A

Monsieur le Maire de la Collectivité territoriale

____

____

Monsieur,

Après acquisition des documents d'appel à la concurrence, concernant les travaux de:

____,

Nous soussignés ____

(Noms, prénoms et fonctions)

domiciliés à: ____

agissant au nom et pour le compte de[3] ______________________________

____

Entreprise inscrite au registre de commerce de : ______ sous le numéro : ________________

Après avoir visité les lieux des travaux et pris connaissance de tout le Dossier d'Appel à la concurrence, nous nous engageons, sans réserve, à exécuter les travaux objet de la présente soumission dans un délai de : ____ (jours ou mois) à partir de la date de notification de l'ordre de service, pour un montant de : ____

(montant en chiffre et en lettres)

Nous nous proposons d'exécuter personnellement ce marché.

Nous restons engagés par notre offre pour une période de validité de 60 jours après la date limite de dépôt des offres.

Il est entendu que vous n'êtes pas tenu d'accepter l'offre moins-disant ni aucune des offres que vous pourriez recevoir.

Fait à ____________ le ______________

Signature ____

(Nom et signature du soumissionnaire ou de son représentant).

[3] N.B. Le mandataire doit joindre l'autorisation authentique de l'entreprise qui le mandate. En cas de groupement, le formulaire modèle doit porter les signatures des responsables des entreprises concernées.

1.
NOTE DESCRIPTIVE DE L'ORGANISATION ET DU PLANNING DES TRAVAUX

Le soumissionnaire fournira les informations sur la manière dont il compte organiser l'exécution des travaux notamment au niveau des éléments suivants

Liste nominative du personnel-cadre affecté au chantier

Indiquez l'expérience professionnelle des principaux membres de l'encadrement de l'entreprise.

	Prénoms et Nom du cadre	Fonction occupée	Nombre d'années d'expérience	Qualification/Formation ou spécialité reconnue
1				
2				
3				
4				

Date ____________________

(Signature et fonction) ______________________________

2.

LISTE DU MATERIEL
ET DE L'OUTILLAGE MIS SUR LE CHANTIER

Le soumissionnaire donnera la liste du matériel et de l'outillage qu'il mettra en place pour l'exécution des travaux qui font l'objet de ce Dossier d'Appel à la concurrence en conformité avec le planning d'exécution proposé ci-après.

Le soumissionnaire peut utiliser autant de feuilles que nécessaire afin de décrire complètement son matériel et son outillage.

No Identification	Description (type, capacité)	Age et état	Appartenance propre ou location

Date …………

____

(Signature et fonction)

3. PLANNING CONSTRUCTION
par postes de travail

Le soumissionnaire indiquera sur cette feuille les détails du programme de construction proposé, c'est-à-dire des activités principales conformément au délai d'exécution, qu'il a lui-même proposé ou qui a été imposé par le Maître de l'ouvrage. Il y a lieu de tenir compte des conditions météorologiques. L'utilisation d'un chronogramme est souhaitable. Le soumissionnaire peut utiliser autant de feuilles que nécessaire.

N° d'ordre	Description	Durée	Début	Fin	Chronogramme ….
1					
2					
3					
4					
5					
6					
….					

Date : ____________________

____

(Signature et fonction)

4. LISTE DES RÉFÉRENCES DE TRAVAUX SIMILAIRES EXÉCUTÉS.

Le soumissionnaire doit fournir des renseignements exacts et fournir une liste de références portant sur des réalisations de travaux de même nature et le volume de chaque type de travaux effectués au cours de chacune des cinq dernières années et des informations détaillées sur les travaux en cours et les engagements contractuels et les clients qui peuvent être contactés.

Opération	Année	Travaux complets	Travaux en cours
A. BÂTIMENTS			
B. VOIRIE			
C. ASSAINISSEMENT			
D. AUTRES			

Ces références et informations sont accompagnées d'attestations et certificats correspondants.

Fait le, ___________ *(lieu et date)* __________________________ (Signature et fonction) _______________________

5. CERTIFICAT D'INSCRIPTION AU REGISTRE DU COMMERCE

[Ce document n'est pas demandé lorsque l'appel à la concurrence est limité aux entreprises figurant au registre de qualification et classement]

Section V

MODÈLE DE CONTRAT POUR PETITS TRAVAUX PASSES PAR COTATION OU DEMANDE DE PRIX

RÉPUBLIQUE DU SÉNÉGAL

Un Peuple- Un But- Une Foi

Région de____________

Département de _______

Arrondissement de _____

Collectivité territoriale de __

MARCHÉ N° / (année)

PASSE PAR__________________________________

(Procédures simplifiées de passation des marchés des Collectivités territoriales) suivant dispositions de

Financement

Budget Collectivité territoriale de

____

Montant : ____

(En chiffres et en lettres)

Date de souscription : ________________________

Date approbation : ___________________________

Date notification : ___________________________

****** *****

Le présent Marché de travaux est conclu le __/__/20XX

Le présent Marché a été conclu ce jour le ________________20XX ____

M ____ Maire de la Collectivité territoriale agissant au nom et pour le compte de la Collectivité territoriale de ____ désignée sous le vocable « Maître d'ouvrage » d'une part

M.____ Directeur de l'Entreprise ____ faisant élection, de domicile à _________________________________ Téléphone __________ Fax ________ Email ___________________________ ci-après désigne sous le vocable « Entrepreneur » d'autre part.

Attendu que le Maître de l'ouvrage souhaite que certains travaux soient exécutés par l'Entrepreneur, qu'il a accepté l'offre remise par l'Entrepreneur en vue de l'exécution et de l'achèvement desdits travaux, et de la réparation de toutes les malfaçons y afférentes.

Il a été convenu de ce qui suit :

Dans le présent Marché, les termes et expressions auront la signification qui leur est attribuée dans le Marché dont la liste est donnée ci-après.

En sus de l'Acte d'engagement, les pièces constitutives du Marché sont les suivantes :

(a) La Lettre d'acceptation ;
(b) La soumission ;
(c) Le Marché
(d) Les spécifications techniques ;
(e) Les plans et dessins ;
(f) Le Bordereau des prix et le Détail quantitatif - estimatif ;

Le Maître de l'ouvrage s'engage à payer à l'Entrepreneur, à titre de rétribution pour l'exécution et l'achèvement des Travaux et la reprise des malfaçons y afférentes, les sommes prévues au Marché ou toutes autres sommes qui peuvent être payables au titre des dispositions du Marché, et de la manière stipulée au Marché

En contrepartie des paiements à effectuer par le Maître de l'ouvrage à l'Entrepreneur, comme mentionné ci-après, l'Entrepreneur s'engage à exécuter les Travaux et à reprendre toutes les malfaçons y afférentes en conformité absolue avec les dispositions du Marché.

CHAPITRE I : DISPOSITIONS GÉNÉRALES

Article 1 : **Objet du contrat**

Ce contrat concerne les travaux de ____________________________________

____

Lieu de réalisation des travaux ______________________________________

Article 2Type de marché

Le présent marché est à prix unitaires, fermes et non révisables, selon le Bordereau des prix unitaires et le détail quantitatif – estimatif faisant partie du marché.

Ou (*supprimer l'option non retenue*)

Le présent contrat est à prix global forfaitaire, ferme et non révisable décomposé suivant le cadre du devis estimatif faisant partie du marché.

Article 3Pièces contractuelles

Les documents énumérés ci-dessous, dont l'Entrepreneur assure avoir pris connaissance, font partie intégrante du marché :

- le présent marché
- la lettre de soumission et ses Annexes
- le Bordereau des prix unitaires et le Détail quantitatif – estimatif ou la décomposition du prix global forfaitaire suivant le cadre du devis estimatif
- le Cahier des Prescriptions techniques.

Article 4 : Entrée en vigueur

Le présent contrat entrera en vigueur après l'approbation par l'Autorité compétente suite à la notification écrite au Titulaire avec accusé de réception.

Ou (*supprimer l'option non retenue*)

Le présent contrat entrera en vigueur après l'approbation par l'Autorité compétente, suivi d'une notification au Titulaire. Les travaux démarreront à la délivrance d'un ordre de service y relatif.

CHAPITRE II : EXÉCUTION ET CONTRÔLE DES TRAVAUX

Article 5– Délai d'exécution

Les travaux devront être achevés dans un délai de_____ jours à partir de la réception de l'ordre de service délivré par le Maître de l'ouvrage et versement de l'avance de démarrage.

Article 6 : Modification de la consistance des travaux

Le Maître de l'ouvrage peut apporter des modifications aux travaux par des augmentations ou des diminutions dûment notifiées à l'Entreprise par ordre de service, auxquels cas, le prix du marché est révisé en conséquence sur la base des prix unitaires du Bordereau de prix unitaires. En même temps, le délai est révisé en conséquence.

ou (supprimer l'option non retenue)

Le Maître de l'ouvrage peut apporter des modifications aux travaux par des augmentations ou des diminutions dûment notifiées à l'Entreprise par ordre de service, auxquels cas, le prix du marché est révisé en conséquence sur la base de la décomposition du prix forfaitaire du prix global forfaitaire. En même temps, le délai est révisé en conséquence

Article 7 : Sous-traitance.

L'Entrepreneur ne pourra sous-traiter une ou plusieurs parties des travaux que sous son entière responsabilité et le consentement du Maître de l'ouvrage.

Article 8 : Contrôle de l'exécution des travaux

L'exécution de ce marché est contrôlée par les représentants du Maître de l'ouvrage réunis au sein d'un Comité de Construction, avec l'assistance de l'ingénieur-conseil mandaté par le maître de l'ouvrage. En cas de non-conformité aux normes et règles de la profession, les Représentants du Maître de l'ouvrage pourront attirer l'attention de l'entrepreneur sur les manquements constatés.

Les travaux mal réalisés seront refaits ou corrigés par l'Entrepreneur après évaluation contradictoire de l'ingénieur-conseil.

Article 9 : Responsabilité

Pendant l'exécution des travaux, l'entrepreneur est responsable de tout dégât ou accident causé à une tierce personne par son personnel ou ses équipements.

Article 10 : Pénalités de retard

En cas de retard dans l'exécution des travaux par rapport aux délais fixés dans le marché, l'entrepreneur est passible d'une pénalité de 1/2000ème par jour de retard sur le montant des travaux restants, sauf en cas de force majeure. Les pénalités de retards sont plafonnées à 10% du marché. Dans le cas où le montant total des pénalités excède 10% du montant des travaux, le Maître de l'ouvrage procédera d'office à la résiliation du présent contrat.

Article 11 : Force majeure

Aux fins du présent marché la force majeure signifie tout avènement hors du contrôle d'une partie et qui rend impossible exécution par une partie de ses obligations, ou qui rend exécution si difficile qu'elle peut être tenue pour impossible dans de telles circonstances. La partie qui évoque la force majeure devra prouver (1) qu'elle a pris toutes les précautions et mesures raisonnables pour remplir les termes du contrat et (2) qu'elle a averti l'autre partie de la situation dans les plus brefs délais.

Article 12 : Réception provisoire

La réception provisoire sera prononcée par le Maître de l'ouvrage à la demande de l'entrepreneur pour les travaux achevés. Un procès-verbal de réception provisoire est établi par le Maître de l'ouvrage après consultation du Comité de construction et avis de l'ingénieur-conseil

Article 13 : Réception définitive.

La réception définitive interviendra après un délai de garantie de six mois à compter de la date de réception provisoire par le Comité de construction. Un procès-verbal de réception définitive sera établi par le Maître de l'ouvrage.

CHAPITRE III : DISPOSITIONS FINANCIÈRES

Article 14 : Montant du contrat

Le montant du contrat est fixe à la somme de ______________________ F CFA comprenant toutes les dépenses résultant de l'exécution des travaux, y compris les frais généraux et tous les impôts droits et taxes dus par l'Entrepreneur en raison de l'exécution des travaux

Article 15 : Origine des fonds

1. Le présent marché est financé respectivement par : le Budget de la Collectivité territoriale ____ à concurrence de____________________ (___%,)
2. Le fonds de dotation des Collectivités territoriales à concurrence de __________________________ (___%)
3. autres (*préciser*)

Article 16 : Avance de démarrage

Une avance forfaitaire de démarrage de ____________________________ F CFA (soit 20% du montant total du contrat) est accordée à l'Entrepreneur à sa demande au moment de l'établissement de l'ordre de service.

Cette avance est versée à la suite de la remise et de l'acceptation d'une garantie de restitution d'avance couvrant à 100% le montant de l'avance consentie.

Article 17 : Modalités de Paiement des décomptes –

Le Premier décompte de ____________________ F CFA (soit 30% du montant total du contrat) est payable lorsque les travaux auront atteint 50% de réalisation. Il est opéré un précompte égal à 2,5% du montant du contrat pour la retenue de garantie évaluée à 5% du marché.

Deuxième décompte après la Réception provisoire ______________________ F CFA (soit 50% du montant total du contrat seront payés après déduction 2,5 % au titre de la retenue de garantie égale à 5% du montant total du contrat et des éventuelles pénalités de retard).

Décompte final, après la Réception définitive ______________F CFA seront payés et représentent (5% du montant du contrat soit 100% de la retenue de garantie)

Les paiements suivant les différentes proportions (20% avance +27,5% décompte 1 + 47,5% décompte 2 + 5% de retenue de garantie soit 100% du contrat) seront effectués en espèces par le Maître de l'ouvrage contre un reçu signé de l'entrepreneur.

Les montants de travaux seront calculés sur la base des prix unitaires du Bordereau de prix unitaires et calculés par référence au cadre du détail quantitatif - estimatif, par application des quantités réellement exécutées.

ou (supprimer l'option non retenue)

Les montants de travaux seront calculés sur la base de la décomposition du prix forfaitaire du prix global forfaitaire.

Article 18. Retenue de garantie

Une retenue de garantie égale à 5 % du montant des travaux soit ___________ F CFA est appliquée à raison de 2,5% à chaque décompte provisoire.

Article 19 Modalités de paiement

Les paiements se feront par remise de chèque bancaire ou postal ou par virement au compte N° ouvert dans les livres de la Banque _________________ au nom de _____________ (nom de l'entreprise ou de l'entrepreneur)

Article 20 Résiliation

Le contrat peut être résilié à l'initiative d'une quelconque des parties au contrat si l'autre partie persiste dans un manquement à ses obligations après mise en demeure (voir **ANNEXE T19**) adressée ______ jours au minimum avant la date de résiliation :

Le présent marché est résilié d'office et de plein droit lorsque le montant total des pénalités excède 10% du montant total du marché. si suite à un cas de force majeure l'une quelconque des parties est dans l'incapacité d'exécuter de manière substantielle ses obligations pendant une période de 60 jours.

Article 21. Litiges

Tout litige ou différend pouvant découler de l'exécution du présent contrat ou se rapportant à celui-ci et qui ne peut être réglé à l'amiable sera soumis aux tribunaux compétents.

Article 22 : Droit applicable

Le droit applicable au présent contrat est le droit de la République du Sénégal

Article 23 : Enregistrement

Les droits d'enregistrement sont à la charge du cocontractant.

Article 24 : Approbation

L'autorité chargée d'approuver le présent marché est le représentant de l'Etat.

Fait à __________________le__________________

Le Maire de la Collectivité territoriale *(Prénoms et Nom, signature et cachet)*	**L'Entrepreneur** *(Prénoms et Nom, signature et cachet)*
Pôle DCMP	**Approbation de l'Autorité compétente :** (*Prénoms et Nom, signature et cachet)*

ANNEXES AU CONTRAT

UNE OPTION à retenir en conformité avec celle retenue à l'article 3 des IS et l'article 2 du Contrat

OPTION PRIX UNITAIRES

Bordereau des prix et Détail quantitatif - estimatif

BORDEREAU DES PRIX UNITAIRES

Nº	DESIGNATION DES TACHES	PRIX UNITAIRES	
		HTVA	TTC

DÉTAIL QUANTITATIF ET ESTIMATIF

Nº Prix	DÉSIGNATION DES OUVRAGES	UNITÉ	QUANTITÉ	PRIX UNITAIRE	PRIX TOTAL
				TTC	TTC
	TOTAL				

DÉTAIL QUANTITATIF ET ESTIMATIF

TABLEAU RÉCAPITULATIF[1]

No.	DÉSIGNATION DES OUVRAGES,	PRIX TOTAL
TOTAL GÉNÉRAL		
Arrêté le présent Détail quantitatif et estimatif à la somme[2] de : ______________		
Signature(s)[4]		

[1] Le tableau récapitulatif reprend les montants des différents tableaux du Détail quantitatif et estimatif. Le Maître de l'ouvrage y spécifiera, le cas échéant, les montants fournis par lui-même ou à fournir par le Soumissionnaire.

[2] Les montants inclus dans le tableau récapitulatif seront repris dans la soumission et ultérieurement dans le marché après corrections éventuelles.

[4] Signature du Soumissionnaire pour la remise d'offre, et ultérieurement du Maître de l'Ouvrage et du Soumissionnaire retenu sur le document final repris en référence dans le marché.

OPTION FORFAIT

DEVIS ESTIMATIF - DÉCOMPOSITION DU PRIX GLOBAL FORFAITAIRE

No.	DÉSIGNATION DES OUVRAGES	PRIX TOTAL
	TOTAL GÉNÉRAL	

Arrêté le présent prix forfaitaire à la somme [2] de : ______________________

____

Signature(s) [5]

---

[2] Les montants inclus dans le tableau récapitulatif seront repris dans la soumission et ultérieurement dans le marché après corrections éventuelles.

[5] Signature du Soumissionnaire pour la remise d'offre, et ultérieurement du Maître de l'Ouvrage et du Soumissionnaire retenu sur le document final repris en référence dans le marché.

ANNEXE T5

(En-tête)
Collectivité territoriale

MODÈLE DE REÇU
ACHAT DE DOSSIER D'APPEL À LA CONCURRENCE

Reçu n°_______ Date __/__/20XX

Collectivité territoriale de ____

Nous soussignés certifions avoir reçu de ______________________________

____

(Nom de l'entreprise)

LA SOMME DE ____

MOTIF : Achat de Dossier d'Appel à la concurrence lancé le __/ __/ 20XX

Pour____

Le Trésorier	**Le Secrétaire communautaire**
(Nom – signature)	*(Nom – signature)*

ANNEXE T6

(En-tête)
Collectivité territoriale

PROCÈS-VERBAL D'OUVERTURE DES PLIS

Le ----------à ----- heures précises, la Commission de passation des marchés de la Collectivité territoriale de ____ s'est réunie à ______________________pour procéder à l'ouverture publique des offres relatives à ____

La lecture à haute voix du contenu des enveloppes a donné les résultats ci-après :

Soumissionnaires	Montant soumission	Pièces manquantes	Nom de son représentant	Signatures
1				
2				
4				
5				
6				

Signatures des membres de la Commission de passation des marchés

- M. ---Président
- M---Membre
- M---Membre
- M---Membre
- M---Membre
- M---Membre
- M---Ingénieur-conseil
- M---Secrétaire

Date ___/__/20XX_

ANNEXE T7

1. FORMULAIRE D'EVALUATION TECHNIQUE DES OFFRES

Soumissionnaire	Soumissionnaire 1	Soumissionnaire 2	Soumissionnaire 3	Etc.
Prix de l'offre lu à l'ouverture des plis				
État complet de l'offre [1]				
Eligibilité[2]				
Conformité commerciale				
Conformité technique				
Acceptée pour évaluation détaillée				
Erreur de calcul de prix d'affres [3]				
Correction Ajustements éventuels [4]				
Prix de l'offre corrigé [5]				
Ordre des offres éligibles et substantiellement conformes [6]				

Après analyse des offres, la Commission de passation des marchés a retenu comme attributaire provisoire ________________ ayant proposé l'offre corrigée la moins chère

Les autres soumissionnaires ont été classés ainsi qu'il suit :

1er
2ième
3ième
4ième
etc.

---

1 / Inscrire OUI ou NON après avoir vérifié que les documents du soumissionnaire contiennent le formulaire de soumission de l'offre (offre) et les annexes; le bordereau des quantités (pour les travaux), les informations sur l'éligibilité et la qualification et tout autre document devant être rempli et soumis conformément aux Instructions données aux soumissionnaires.

2 / inscrire OUI ou NON après avoir vérifié que le soumissionnaire satisfait les critères d'éligibilité établis dans l'appel d'offres.

3/ Les erreurs arithmétiques peuvent être corrigées ici. Les corrections substantielles nécessiteront une annexe ou un renvoi en bas de page décrivant les corrections faites.

4 / S'il y a des déviations acceptables (voir ligne "conformité commerciale"), ces dernières devront être présentées en terme de coûts et inscrites ici pour faciliter la comparaison entre différentes offres.

5 / Inscrire ici "le prix de l'offre lu à l'ouverture des plis" plus/moins les montants des lignes "Erreur de calcul du prix de l'offre" et "Correction ajustements éventuelles."

6/ Seules les offres complètes (ligne 2), éligibles (ligne 3), et substantiellement conformes (ligne10) seront classées ici. Le "Prix de l'offre corrigé" le moins élevé recevra la première place, le deuxième, la seconde place, etc.

2. TABLEAU POST-QUALIFICATION :
VÉRIFICATION DE LA CAPACITÉ DU SOUMISSIONNAIRE / ET ATTRIBUTION

La capacité du soumissionnaire ______________________ classé premier a fait l'objet d'une vérification sur la base des critères de qualification prédéfinis à l'article _____des Données particulières du Dossier d'Appels à la Concurrence pour ____

Le tableau ci-après donne le résultat de cette vérification.

CRITÈRES QUALIFICATION	OUI	NON	COMMENTAIRES
Capacité juridique *(Pièces administratives et Statuts)*			
(lister)			
Capacité technique *(Expérience pertinente)*			
Réalisations en tant qu'entreprise principale (lister)			
Moyens matériels (lister)			
Moyens humains (lister)			
Capacité financière			
Moyens financiers ▪Ligne de crédit			

Au terme de la vérification de la capacité pour l'attribution du marché ____

Le soumissionnaire _____________________________ ayant satisfait aux critères de qualification est proposé comme attributaire provisoire pour un montant de ………………*(En chiffres et lettres)*……………………….FCFA.

Ont signé :

NOMS	QUALITÉ	SIGNATURE

OU

Le soumissionnaire classé premier n'ayant pas satisfait aux critères de qualification, la Commission de passation des marchés a procédé aux mêmes vérifications pour le soumissionnaire classé deuxième.

(Joindre tableau de vérification selon même modèle)

La séance a été levée à -----------heures précises par le Président de la Commission de passation des marchés après lecture de ce présent procès-verbal.

Ont signé :

NOMS	QUALITÉ	SIGNATURE
1		
2		
3		
4		
5		

ANNEXE T8

(En-tête)
Collectivité territoriale

PROCÈS-VERBAL D'ATTRIBUTION PROVISOIRE

****** *****

Collectivité territoriale de ____

Suite à l'appel à la concurrence organisé par notre Collectivité territoriale le __/__/ 20XX__ et après réception du procès-verbal de la Commission de passation des marchés mandatée à cet effet, le Conseil de la Collectivité territoriale s'est réuni en session extraordinaire le __/__/20XX__, au siège de la Collectivité territoriale pour examiner les recommandations de la commission évaluation des offres relatives à : ____

Après avoir pris connaissance du procès-verbal dressé par la Commission de passation des marchés de la Collectivité territoriale, la Personne responsable des marchés publics de la Collectivité territoriale valide les résultats et attribue les lots comme suit :

Lot N° 1: Enterprise: ____

Pour le montant de: ____

(en chiffres et lettres).

Lot N° 2: Enterprise: ____

Pour le montant de: ____

(en chiffres et lettres).

Lot N° 3: Enterprise: ____, etc.

Pour le montant de: ____

(en chiffres et lettres).

Fait à : ______________ le ______________

Le Maire de la Collectivité territoriale ______________________________

(Nom et signature)

NB: Le présent PV sera affiché au siège de la Collectivité territoriale.

ANNEXE T9

(En-tête) **N° / /**

Collectivité territoriale **A , le**

Le Maire de la Collectivité territoriale de

____

A

Monsieur

(Nom de l'Entreprise).

Objet : Notification d'attribution du marché de travaux objet de la Consultation N°

Suite à l'examen des offres pour les travaux cités en objet, dont vous avez été soumissionnaire, j'ai le plaisir de vous annoncer que votre Entreprise a été retenue pour effectuer lesdits travaux pour un forfait ou (sur la base de vos prix unitaires) pour un montant de *montant--attributaire-en lettres* F CFA (*montant- -attributaire-en chiffres* F CFA) toutes taxes comprises.

Vous trouverez ci-joint le contrat de travaux concernant ce marché, que je vous invite à me renvoyer dûment paraphé, signé et cacheté. Ce contrat devra prendre effet au plus tard à compter du __________ *date-démarrage-contrat*.

(*Si requis*) Conformément au Cahier général des charges, vous devez nous soumettre dans les (x) jours, la garantie de bonne exécution de ce marché selon le modèle joint. Aucun paiement ne sera effectué avant l'émission de cette garantie.

Pour toutes les avances éventuelles que vous demanderez dans le cadre du présent marché, vous devrez nous fournir une garantie de remboursement des avances selon le modèle joint.

Dans l'attente, recevez, *Titre Fonction*, l'assurance de ma considération distinguée.

Le Maire de la Collectivité territoriale ______________________

(Nom / Signature / date)

ANNEXE T10

(En-tête) **N° / /**
Collectivité territoriale **A , le**

Le Maire de la Collectivité territoriale

A

Monsieur
(Nom responsable entreprise).

Objet : Résultats de ______________________ pour les travaux de ________
(préciser mode de passation)

Madame/Monsieur

Suite à l'examen des offres pour la consultation citée en objet, dont vous avez été soumissionnaire, j'ai le regret de vous informer que votre entreprise n'a pas été retenue.

Au terme de la comparaison des propositions techniques et financières, le Bureau d'études qui a obtenu le score le plus élevé est *Nom attributaire.* Sa proposition est retenue pour un montant de ______________________ *Montant Marché-lettres* F CFA ______________________ (*montant Marché-chiffres F CF*A) toutes taxes comprises.

Espérant pouvoir compter sur vos services pour des marchés ultérieurs, je vous prie de recevoir, *Titre* ou *Fonction*,

Dans l'attente, recevez, *Titre Fonction*, l'assurance de ma considération distinguée.

Le Maire de la Collectivité territoriale______________________
(Nom/Signature/date)

ANNEXE T11

(En-tête) **N° / /**
Collectivité territoriale **A , le**

Le Maire de la Collectivité territoriale

A

Monsieur le Directeur

de ____

(Nom de l'entreprise).

<u>Objet :</u> Ordre de service n°____

Marché n° _____ approuvé le __/__/ 20XX___

Monsieur le Directeur,

Dans le cadre de l'Appel à la concurrence lancé par la Collectivité territoriale de ____ pour la construction de.... votre entreprise déclarée attributaire du (des) lot (s) .pour un montant toutes taxes comprises de____________________________________

(en chiffres et lettres).

Je vous informe par la présente que la Collectivité territoriale de_______________________________________ passe commande de ces travaux et vous invite à commencer l'exécution desdits travaux, le ____________ 20XX__, conformément aux dispositions du Marché rappelé en objet.

Je vous saurais gré de bien vouloir accuser réception de la présente.

Veuillez agréer, **Monsieur le Directeur,** l'assurance de ma considération distinguée.

Le Maire de la Collectivité territoriale

(Prénoms et nom, signature et Cachet)

ANNEXE T12

(En-tête) **N° / /**
Organisme financier agréé **A , le**

MODÈLE
GARANTIE DE REMBOURSEMENT DES AVANCES

Lieu d'émission : ____

Date d'émission : ____

Référence : __________________________

(objet + n° Courrier réponse)

Donneur d'ordre : ____________________________

(titulaire du marché)

Bénéficiaire : Collectivité territoriale de________________________________

Montant de la Garantie de remboursement : _________________________

Date d'échéance : _____ **20XX** __

Banque garante : ____

(*banque ayant émis la garantie*

D'ordre et pour le compte de ____________________________________

(donneur d'ordre)

Nous ______________________________ émettons par la présente en faveur de
(banque émettrice)
la Collectivité territoriale de ____________________________________,
Cette garantie de remboursement des avances irrévocable représentant (xx % du montant du marché).

Nous déclarons, par la présente, garantir comme débiteur principal au profit de la Collectivité territoriale de____, le paiement sans contestation et dès réception de la première demande écrite du bénéficiaire jusqu'à concurrence du montant maximum mentionné ci-dessus.

Cette garantie est réalisable, proportionnellement au remboursement réellement effectué par le donneur d'ordre pour dédommager la Collectivité territoriale de____, en sa qualité d'Autorité contractante, aux guichets de la banque garante par paiement à vue contre présentation de la déclaration dûment signée du bénéficiaire certifiant que le donneur d'ordre n'a pas rempli ses obligations contractuelles.

Nous notons que la présente garantie sera valable jusqu'au remboursement complet de ladite avance.

La Collectivité territoriale de____ s'engage à envoyer à l'organisme émetteur un courrier de libération comprenant l'original de la présente garantie.

Tous les frais et commissions sont à charge du donneur d'ordre.

La Loi ainsi que la juridiction applicable à la garantie sont celles du pays du bénéficiaire.

Fait à ...... le ....20XX__

Signature et tampon des délégués et représentants de la Banque

____

Noms et fonctions des signataires

(dactylographiés)

ANNEXE T13

(En-tête) **N° / /**

Collectivité territoriale **A , le**

ORDRE DE PAIEMENT

**** ****

Collectivité territoriale de ____

Marché de N°____ du __/__/ 20XX_ pour ____________________________

Entrepreneur ____

Date de début du délai contractuel __/__/ 20XX_

Date de fin du délai contractuel __/__/ 20XX_

Date du procès-verbal de réception provisoire __/__/ 20XX_

Date du procès-verbal de réception définitive __/__/ 20XX_

Nous soussigné____

Maire de la Collectivité territoriale de ______________________________

Au vu du procès-verbal de l'avancement des travaux objet du marché susvisé, en date du __/ __/ 20XX__ et après avoir procédé aux examens et vérifications physiques nécessaires.

1 déclarons que l'entreprise ______________________ titulaire du marché a satisfait pleinement aux conditions stipulées dans le marché

2. donnons mandat au Receveur du Trésor public de payer la somme de ____

(*en chiffres toutes lettres*)

à l'Entreprise ____

représentée par____

Fait à-----------le, ...-------------

Le Maire de la Collectivité territoriale

(Prénoms et nom, signature et Cachet)

ANNEXE T14

CADRE POUR CALCUL DES DÉCOMPTES DES TRAVAUX RÉALISÉS				
Montant du marché TTC				
Montant du marché HTVA				
1. Avance de démarrage TTC				
Avance de démarrage HTVA				
Procédure de paiement				
	- Demande écrite du titulaire			
	- Fourniture garantie bancaire d'un montant égal à l'avance + Facture			
2. Calcul des décomptes à payer				
DÉCOMPTE 1 à X%				
Valeur travaux effectués à x% HTVA :				
A déduire :				
a	Avance de démarrage HTVA si travaux supérieurs à 40%			
b	Retenue de garantie de 5% HTVA			
	Total à déduire *(a+b)*			
Décompte 1 net à payer HTVA				
'(Valeur des travaux à X% - Total à déduire)				
TVA décompte 1				
Décompte 1 net à payer TTC				
DÉCOMPTE 2 Y%				
Valeur travaux effectués HTVA à y%				
A déduire:				
	Avance de démarrage HTVA à y%			
	Retenue de garantie de 5% HTVA			
	Décompte 1 HTVA			
	Total à déduire			
Décompte 2 net à payer HTVA				
'(Valeur des travaux à Y% - Total à déduire)				
TVA décompte 2				
Décompte 2 net à payer TTC				
DÉCOMPTE 3 à z%				
Travaux effectués HTVA :				
A déduire :				
	Avance de démarrage HTVA			
	Retenue de garantie de 5% HTVA			
	Décompte 1 HTVA			
	Décompte 2 HTVA			
	TOTAL A DÉDUIRE			
Décompte 3 net à payer HTVA				
'(Valeur des travaux à Z% - Total à déduire)				
TVA décompte 3				
Décompte 3 net à payer TTC				
3. Décompte définitif				
Travaux effectués HTVA 100%				
A déduire :				
	Avance de démarrage			
	Retenue de garantie 5% HTVA			
	Décompte 1HTVA			
	Décompte 2 HTVA			
	Décompte 3 HTVA			

	Pénalités de retard HTVA			
	TOTAL A DÉDUIRE			
Décompte définitif net à payer HTVA				
TVA décompte définitif				
Décompte définitif net à payer TTC				

4. Procédure de main levée de la retenue de garantie

La procédure de mainlevée de la retenue de garantie est la suivante :

- Fin de la période de garantie définie dans le marché de travaux, matérialisée par un procès-verbal de réception définitive, sans réserve, prononcée par la commission de passation des marchés compétente.
- A défaut, la fourniture par le titulaire du marché, d'une garantie bancaire de montant égal à la retenue de garantie, dès prononciation, par la commission compétente, de la réception provisoire des travaux du marché (exécuté à 100% sans réserve).

NOTA BENE : Les banques ne se désengagent de leur garantie qu'après réception de l'original ou d'une copie revêtue de la mention « **BON POUR MAINLEVÉE DE LA PRÉSENTE GARANTIE** » signée par la Personne responsable des marchés publics.

Vérification mathématique					
	Avance de démarrage				-
	Retenue de Garantie TTC				
	Pénalités de retard TTC				
	Décompte 1 TTC				
	Décompte 2 TTC				
	Décompte 3 TTC				
	Décompte définitif TTC				
	Montant du marché TTC				

Vérification interprétative				
le montant du marché TTC				
Le montant payé TTC				
Retenue garantie TTC				
Pénalités HTVA				
TVA non payée sur pénalité en caisse HTVA				
Total marché vérifié TTC				

ANNEXE N° T 15

(En-tête) **N° / /**
Collectivité territoriale **le**

PROCÈS-VERBAL DES OPÉRATIONS PRÉALABLES À LA RÉCEPTION DES TRAVAUX

**** ***

Ce formulaire est un modèle, qui peut être utilisé par le Maître d'œuvre, pour formaliser le procès-verbal des opérations préalables à la décision de réception.

1. **La Collectivité territoriale**

(Reprendre le contenu de la mention figurant dans les documents constitutifs du marché public.)

2. **Le titulaire du marché public.**

[Indiquer le nom commercial et la dénomination sociale du titulaire individuel ou de chaque membre du groupement titulaire, les adresses de son établissement et de son siège social (si elle est différente de celle de l'établissement), son adresse électronique, ses numéros de téléphone et de télécopie et son Numéro d'identification nationale des Entreprises et Administrations (NINEA). En cas de groupement d'entreprises titulaire, identifier le mandataire du groupement.]

3. **Le Maître d'œuvre.**

[Indiquer le nom commercial et la dénomination sociale du Maître d'œuvre, les adresses de son établissement et de son siège social (si elle est différente de celle de l'établissement), son adresse électronique, ses numéros de téléphone et de télécopie et son Numéro d'Identification nationale des Entreprises et Administrations (NINEA).]

4. **Objet du marché public.**

(Reprendre le contenu de la mention figurant dans les documents constitutifs du marché public. En cas d'allotissement, préciser l'objet de la consultation.)

5. **Objet des opérations préalables à la réception des ouvrages.**

- Date d'achèvement proposée par le titulaire du marché public. /../..
- Les opérations préalables à la réception des ouvrages portent sur : *(cocher la case correspondante.)*

☐ la réception de l'ouvrage comportant les prestations suivantes :

☐ la réception partielle relative aux prestations désignées ci-dessous :

6. **Procès-verbal des opérations préalables à la réception des ouvrages.**

Je soussigné ...., Maître d'œuvre
(rappeler les nom et prénom du Maître d'œuvre et choisir l'événement.)

- en présence du représentant de la Collectivité territoriale ;
- en l'absence du représentant de la Collectivité territoriale, dûment avisé par mes soins ;
- en présence du titulaire du marché public ;
- en l'absence du titulaire du marché public dûment convoqué, en date du. /../..

- **les travaux et prestations, prévus au marché public :**
  - ont été exécutés ;
  - ont été exécutés, à l'exception de ceux indiqués à l'annexe n° … ci-joint ;

- **les ouvrages :**
  - sont conformes aux spécifications du marché public ;
  - sont conformes aux spécifications du marché public, à l'exception des imperfections ou malfaçons indiquées à l'annexe n° .... ci-jointe ;
- **les conditions de pose des équipements :**
  - sont conformes aux spécifications des fournisseurs ;
  - ne sont pas conformes aux spécifications des fournisseurs.
- **les installations de chantier :**
  - ont été repliées ;
  - n'ont pas été repliées ;
- **les terrains et les lieux :**
  - ont été remis en état ;
  - n'ont pas été remis en état.

Dressé le .... Accepté le ....

Signature (Maître d'œuvre) Signature (titulaire)

(Ajouter autres signataires représentant le Maître d'ouvrage)

J'atteste que le titulaire du marché public a refusé de signer le présent procès-verbal.

Dressé le ....

Signature

(Maître d'œuvre)

ANNEXE N° T 16

(En-tête) **N° / /**
Collectivité territoriale **A , le**

TRAVAUX
PROCES-VERBAL DE RÉCEPTION PROVISOIRE

**** ***

Collectivité territoriale de ____

Marché de N°____ du __/__/ 20XX__ pour ____________________________________

Entrepreneur ____

Date de début du délai contractuel __/__/ 20XX__

Date de fin du délai contractuel __/__/ 20XX__

L'an deux mille_______ et le ___________

Nous soussignés ____

____

(Nom et fonction maître d'œuvre, des membres de la commission de réception et autres personnes présentes)

En la présence ou en l'absence de l'entrepreneur dûment convoqué.

1. Nous, nous sommes rendus à---, lieu d'exécution des travaux objet du marché dont il est fait état ci-dessus.
2. Avons procédé aux examens et vérifications nécessaires.
3. Déclarons *(ci-dessous, voir le cas qui correspond à la situation et rayer l'autre)*

   Que l'Entrepreneur a satisfait aux conditions stipulées dans le marché que les travaux sont achevés et qu'il y a lieu de prononcer la réception provisoire des travaux.

   Ou

   que la réception provisoire peut être prononcée sous réserve de l'exécution des travaux énumérés ci-après :

   ____

   ____

Fait à--------------, le-----------

L'Entrepreneur ______________________________

Le Maître d'œuvre ____________________________

Les membres de la commission de réception provisoire

Ont signé

Nom	Qualité	Signature
	Membre	
	Membre	
	Membre	
	Membre	
	Ingénieur-conseil	
	Secrétaire	

ANNEXE T17

CERTIFICAT DE LEVÉE DES RÉSERVES

(En-tête) **N° / /**
Collectivité territoriale **A , le**

RÉCEPTION DES TRAVAUX
PROCES-VERBAL DE LEVÉE DES RÉSERVES
**** ***

Ce formulaire est un modèle de procès-verbal, qui peut être utilisé par le Maître d'œuvre ou l'Ingénieur-conseil, pour consigner les opérations de levée des réserves, énumérées par le Maître d'ouvrage dans sa décision de réception des travaux

1. **La Collectivité territoriale.**
(Reprendre le contenu de la mention des documents constitutifs du marché.)
2. **Identification du titulaire du marché public.**
[Indiquer le nom commercial et la dénomination sociale du titulaire individuel ou de chaque membre du groupement titulaire, les adresses de son établissement et de son siège social (si elle est différente de celle de l'établissement), son adresse électronique, ses numéros de téléphone et de télécopie et son Numéro d'Identification nationale des Entreprises et Administrations (NINEA). En cas de groupement d'entreprises titulaire, identifier le mandataire du groupement.]
3. **Identification du Maître d'œuvre.**
[Indiquer le nom commercial et la dénomination sociale du Maître d'œuvre, les adresses de son établissement et de son siège social (si elle est différente de celle de l'établissement), son adresse électronique, ses numéros de téléphone et de télécopie et NINEA).
4. **Objet du marché public.**
(Reprendre le contenu de la mention figurant dans les documents constitutifs du marché public. En cas d'allotissement, préciser également l'objet de la consultation.)
5. **Objet du procès-verbal de levée des réserves.**
La levée des réserves porte sur : *(choisir l'événement correspondant)*
   - ☐ en présence du représentant de la Collectivité territoriale. ;
   - ☐ en l'absence du représentant de la Collectivité territoriale dûment avisé;
   - ☐ en présence du titulaire du marché public ;
   - ☐ en l'absence du titulaire du marché public dûment convoqué, par courrier en date du. /../.. .

   Après avoir procédé aux examens et vérifications nécessaires, constate que : *(cocher les cases correspondantes.)*

   - **les épreuves, prévues au marché public** :
     - n'ont pas été effectuées ;
     - ont été effectuées, à l'exception de celles indiquées à l'annexe n° … ci-joint ;
       - o et sont concluantes ;
       - o et sont concluantes, à l'exception de celles indiquées à l'annexe n°……… ci-joint ;

- **les travaux et prestations, ayant fait l'objet de réserves** :
  - ont été exécutés ;
  - ont été exécutés, à l'exception de ceux indiqués à l'annexe n° ...... ci-joint ;
- **les ouvrages :**
  - sont conformes aux spécifications du marché public, les imperfections et malfaçons constatées ayant été corrigées ;
  - sont conformes aux spécifications du marché public, à l'exception des imperfections ou malfaçons indiquées à l'annexe n° ...... ci-joint, qui n'ont pas été corrigées ;
- **les conditions de pose des équipements** :
  - sont conformes aux spécifications des fournisseurs ;
  - ne sont pas conformes aux spécifications des fournisseurs ;
  - ont été repliées ;
  - n'ont pas été repliées ;
- **les terrains et les lieux :**
  - ont été remis en état ;
  - n'ont pas été remis en état.

Dressé le ....

Signature
(Maître d'œuvre)
(Si requis, ajouter autres signataires)

J'atteste que le titulaire du marché public a refusé de signer le présent procès-verbal le cas échéant)

Dressé le ....

Signature
(Maître d'œuvre)

ANNEXE T18

(En-tête) **N° / /**
Collectivité territoriale **A , le**

PROCÈS-VERBAL DE RÉCEPTION DÉFINITIVE – TRAVAUX

****** *****

Collectivité territoriale de ____

Marché de N°____ du __/__/ 20XX__ pour ______________________________

Entrepreneur ____

Date de début du délai contractuel __/__/ 20XX__

Date de fin du délai contractuel __/__/ 20XX__

Date du procès-verbal de réception provisoire __/__/ 20XX__

****

Nous soussignés____

____

(Nom et fonction maître d'œuvre, des membres de la commission de réception et autres personnes présentes)

En la présence ou en l'absence de l'entrepreneur dûment convoqué.

Nous nous sommes rendus à-- lieu d'exécution des travaux objet du marché dont il est fait état ci-dessus., et avons procédé aux examens et vérifications nécessaires.

1. Déclarons que l'Entrepreneur a satisfait pleinement
   - aux conditions stipulées dans le marché
   - et aux réserves énumérées dans le procès-verbal de réception provisoire rappelé ci-dessus.

2 Déclarons, le délai de garanti étant expiré, que la réception définitive de l'ouvrage objet du marché est prononcée à compter du--------------------------------

Fait à -----------le ....-------------

L'ingénieur Conseil________________________________

Nom	Comité d'entretien	Signature
	Membre	
	Membre	
	Membre	
	Membre	

ANNEXE T19

(En-tête) **N°** / /

Collectivité territoriale **A** **, le**

MODÈLE DE MISE EN DEMEURE

**** ***

Ce formulaire est un modèle, qui peut être utilisé par la Collectivité territoriale pour formaliser une mise en demeure adressée au titulaire d'un marché public.

1. La Collectivité territoriale.

(Reprendre le contenu de la mention figurant dans les documents constitutifs du marché public.)

2. Le titulaire du marché public.

[Indiquer le nom commercial et la dénomination sociale du titulaire individuel ou de chaque membre du groupement titulaire, les adresses de son établissement et de son siège social (si elle est différente de celle de l'établissement), son adresse électronique, ses numéros de téléphone et de télécopie et son Numéro d'Identification nationale des Entreprises et Administrations (NINEA). En cas de groupement d'entreprises titulaire, identifier le mandataire du groupement.]

Conditions d'envoi de la mise en demeure au titulaire du marché public : *(choisir l'élément correspondant.)*

- ☐ directement au titulaire.
- ☐ sous-couvert du mandataire du groupement d'entreprises titulaire *(en cas de cotraitance.).*

3. Objet du marché public.

(Reprendre le contenu de la mention figurant dans les documents constitutifs du marché public. En cas d'allotissement, préciser également l'objet de la consultation.)

- Date de la notification du marché public : ...../../..
- Durée d'exécution du marché public : ......mois ou ....jours.

4. Clauses contractuelles mises en œuvre.

(Préciser les clauses contractuelles du marché public, notamment les clauses du CCAG ou du CCAP, mises en œuvre pour la mise en demeure).

5. Projet de lettre.

Madame, Monsieur,

Dans le cadre de l'exécution *(choisir l'élément correspondant.)*

- ☐ du marché public n ° ....
- ☐ du bon de commande n ° ....
- ☐ de l'ordre de service n ° ....
- ☐ de la lettre n ° ....

en date du ...., il vous a été demandé d'exécuter les prestations désignées ci-dessous avant le ...... : *(détailler les prestations visées par la mise en demeure.)*

Cette demande :

- ☐ est conforme aux clauses d'exécution du marché public.
- ☐ constitue une mise en jeu de la garantie prévue au marché public.

Ces prestations, régulièrement demandées, ne sont pas exécutées à ce jour.

(Expliquer, de manière très précise, en quoi les prestations commandées ne sont toujours pas exécutées.)

Ces prestations doivent être exécutées, sans faute, pour le. /../..au plus tard.

Le délai de garantie est prolongé jusqu'à l'exécution complète de ces prestations.

En l'absence d'exécution à cette date, il sera prononcé : (*choisir parmi les 3*)

- la résiliation simple du marché public, à vos torts.

- la résiliation du marché public, à vos torts et son exécution à vos frais et risques.
- l'exécution à vos frais et risques par une autre entreprise, sans résiliation du marché public, des prestations suivantes : *(uniquement pour les marchés publics de travaux.)*

Je vous invite à présenter vos observations avant le /. /..

Veuillez agréer, Madame, Monsieur, l'expression de mes salutations distinguées.

A : ...., le ....

Signature

(*Pour la Collectivité territoriale*)

ANNEXES
MARCHÉS DE FOURNITURES

**** ***

ANNEXE F1

(En-tête)
Collectivité territoriale

DEMANDE DE FACTURE PRO FORMA –FOURNITURES

CAS NO.1 -DEMANDE DE FACTURE PRO FORMA –FOURNITURES EN STOCK

Bénéficiaire village/Groupement ______________________________

Objet : Fourniture de ______________________________

A *(Fournisseur)* : ______________________________

MM.___________ nous vous invitons à nous faire votre meilleure offre de prix sous enveloppe fermée pour les articles ci-après :

Description détaillée des fournitures et services	Quantités
TOTAUX	

Délai de livraison ______ jours à compter de la date de réception de la commande

Lieu de Livraison______________________________

Paiement : Comptant à la livraison/installation des fournitures

Les offres sous enveloppe fermée seront recevables jusqu'au ___________ à ____heures précise.

L'ouverture des enveloppes et l'évaluation s'effectueront immédiatement après. Aucune offre ne sera recevable après l'ouverture de la première enveloppe. L'offre conforme moins-disant sera retenue et servira de base à l'établissement du bon de commande.

Signature/cachet ______________________________\
(*Représentant légal de la Collectivité territoriale*)

ANNEXE F2

(En-tête) **N° / /**

Collectivité territoriale **A , le**

DEMANDE DE FACTURE PRO FORMA –FOURNITURES

CAS NO.2 -DEMANDE DE FACTURE PRO FORMA –FOURNITURES À FABRIQUER

REGION____

Collectivités territoriales de ______________________________

Bénéficiaire village/Groupement ____________________________

Objet : Fourniture de __________________________________

A *(Fournisseur)* : ____________________________________

Madame, Monsieur __________________________________
nous vous invitons à nous faire votre meilleure offre de prix <u>sous enveloppe cachetée</u> pour la fabrication des fournitures décrites ci-après :

Description détaillée des fournitures	Quantités
TOTAUX	

Délai de livraison : ___________jours à partir de la date de la commande

Lieu de Livraison____________________________________

Paiement : ____% à la commande ; _______ % à la livraison/installation

Les offres sous enveloppe fermée, seront recevables jusqu'au ___________ à ____heures précises.

L'ouverture des enveloppes et l'évaluation s'effectueront immédiatement après. Aucune offre ne sera recevable après l'ouverture de la première enveloppe. L'offre conforme moins-disant sera retenue et servira de base à l'établissement du bon de commande.

Signature/cachet________________________________
(*Représentant légal de* la *Collectivité territoriale*)

ANNEXE F3

(En-tête)
Collectivité territoriale

TABLEAU DE COMPARAISON DE FACTURES PRO FORMA

RÉGION ____

Collectivité territoriale de ____________________________________

Bénéficiaire Village/Groupement _____________________________

Demande de renseignements et de prix (DRP) de prix pour ____________
____E
n date du _______________ ______________________________

Date/lieu d'ouverture des renseignements et de prix (DRP) ____________

No	**Nom des soumissionnaires**	**Conformité de la cotation**		**Prix Total**	**Remarques**
		Spécifications	**Délai**		
1					
2					
3					
4					
5					

Attribution à ____

Montant ____ F CFA

Date __/ __/ 20XX__

Membres Commission de passation des marchés	**Signature**
1	
2	
3	
4	
5	

ANNEXE F4

(En-tête) **N° / /**

Collectivité territoriale **A , le**

BON DE COMMANDE N° .....

**** ***

Ce formulaire est un modèle de bon de commande, qui peut être utilisé, pour commander les prestations à exécuter.

1. **La Collectivité territoriale**

(Reprendre le contenu de la mention des documents constitutifs du marché public.)

1. **Le titulaire du marché public.**

[Indiquer le nom commercial et la dénomination sociale du titulaire individuel ou de chaque membre du groupement titulaire, les adresses de son établissement et de son siège social (si elle est différente de celle de l'établissement), son adresse électronique, ses numéros de téléphone et de télécopie et son Numéro d'Identification nationale des Entreprises et Administrations (NINEA). En cas de groupement d'entreprises titulaire, identifier le mandataire du groupement.]

2. **L'Objet du marché public.**

(Reprendre le contenu de la mention figurant dans les documents constitutifs du marché public. En cas d'allotissement, préciser également l'objet de la consultation.

- Référence du marché: ....
- Date de la notification du marché public : /. /..
- Durée d'exécution du marché public : ....mois ou ...... jours.

3. **Les Prestations commandées.**

Le titulaire du marché identifié ci-dessus est prié de bien vouloir exécuter les prestations désignées ci-dessous, conformément aux dispositions des documents constitutifs du marché public. Il renvoie, dûment remplie et signée, une copie du présent bon de commande, qui tiendra lieu d'accusé de réception.

- Adresse de livraison ou d'exécution des prestations commandées :
- Délai de livraison ou d'exécution des prestations commandées : /. /..
- Autres précisions : *(A renseigner le cas échéant.)*

N°	Désignation des prestations commandées	Quantité	TVA	Prix unitaire		Total *	
				HT	TTC	HT	TTC
1							
2							
3							
4							
Montant total du bon de commande							

Arrêté le présent Bon de Commande à la somme de : ....*(En lettres et en chiffres)*

A , le. /../..

Signature

Représentant de la *Collectivité territoriale*

Accusé réception bon de commande

Reçu le. /../..

Observations éventuelles : *renseigner le cas échéant*

ANNEXE F5

DOSSIER D'APPEL À LA CONCURRENCE DE FOURNITURES

SECTION I. AVIS D'APPEL D'OFFRES

1. La Collectivité territoriale de ______________________________

Région de ______________________dans le cadre de l'exécution de ces activités de développement inscrites dans son Plan de Développement territorial de l'année 20XX___envisage de passer sur le budget de l'année 20XX___

2. La Collectivité territoriale de ______________________________

invite les soumissionnaires intéressés à soumettre une offre sous pli fermé pour la fourniture de ______________________________

3. Pour être admissibles, les soumissionnaires intéressés doivent :

- Etre en règle avec la législation du pays notamment être inscrit au registre de commerce, fournir un quitus fiscal en cours de validité et une attestation des services de sécurité sociale ;

et [choisir dans la liste suivante selon la nature des fournitures]

- *[dans les cas de marchandises simples]* – avoir les marchandises nécessaires en stock ou être capable de se les procurer dans un bref délai ;
- *[Dans le cas d'équipement mécanique comme les moulins à mil, motopompes, etc.]* - donner la preuve que vous avez dans la région les facilités de service après-vente requises ; et que le modèle proposé a déjà été livré à d'autres clients et qu'il fonctionne de manière satisfaisante dans des conditions similaires depuis au moins ___ans

4. Vous pourrez obtenir de plus amples informations en contactant __________

______________à l'adresse suivante : ____________________

5. Le dossier d'appel à la concurrence pourra être acheté auprès de

______________ à l'adresse indiquée ci-dessus, moyennant paiement d'un montant non remboursable de ----.000 FCFA

6. Les offres doivent être déposées au plus tard le __________ à ____heures précises. Le dépouillement aura le même jour à __________--______ Les offres arrivées en retard ne sont pas reçues.

Date: __________

Signature______________________

SECTION II. INSTRUCTIONS AUX SOUMISSIONNAIRES[6]

1. DESCRIPTION DES FOURNITURES

1.1. Les fournitures (et services) à livrer dans le cadre de ce contrat comprennent ______________________ mentionnées ci-après sous le vocable "Les fournitures".

2. ORIGINE DES FONDS

2.1. Le financement des fournitures est assuré par le budget de la Collectivité territoriale de ______________________à hauteur de (%) du montant des travaux et les autres (%) seront couverts par ________________.

3. CONDITIONS D'ADMISSIBILITÉ

3.1. Cet appel d'offres est ouvert à tous les soumissionnaires éligibles qui prouveront de manière satisfaisante leur conformité par rapport à la législation du pays et leur capacité pour effectivement remplir les termes du contrat dans les conditions définies à l'article 13 ci-dessous.

4. CONTENU DU DOSSIER D'APPEL À LA CONCURRENCE

4.1. Le dossier d'appel à la concurrence comprend :

4.1.1. L'avis d'appel d'offres (AO)

4.1.2. Bordereau Descriptif et Quantités (BDQ)

4.1.3. Modèle de lettre de soumission

4.1.4. Modèle de contrat

5. DOSSIER DE SOUMISSION

5.1. Le dossier préparé par le soumissionnaire devra être composé des éléments ci-après :

5.1.1. L'avis d'appel d'offres (AO)

5.1.2. Bordereau Descriptif et Quantités (BDQ)

5.1.3. Modèle de lettre de soumission

5.1.4. Les pièces justificatives établies conformément aux dispositions des Clauses 3 et 13 des Instructions aux Soumissionnaires et attestant que le Soumissionnaire est admis à soumissionner et est qualifié pour exécuter le Marché si son offre est retenue

5.2. Le soumissionnaire assumera les frais associés à la préparation et à la soumission de son offre " La Collectivité territoriale," ne sera en aucun cas responsable de ces frais, quel que soit la conduite ou l'issue de cette procédure d'appel d'offres

6. PRIX DE L'OFFRE

6.1. Le prix de l'offre est ferme et non révisable et ne sera sujet à aucun type d'ajustement sauf spécifications contraires dans les termes du contrat.

***S'il s'agit de fournitures à fabriquer, ajouter* :**

6.2. Les soumissionnaires sont informés que la Collectivité territoriale entend prendre à sa charge une partie du coût de fabrication des fournitures comme suit :

Matériaux

____

____

(par exemple : bois de fabrication d'une pirogue ou charrette, etc....)

[6] Au besoin compléter les items par les clauses du dossier adopté par la réglementation du pays ou du bailleur

7. VALIDITÉ DE L'OFFRE

7.1. L'offre doit être valide pendant une période de 30 jours après la date d'ouverture des plis indiquée dans la Clause 10 ci-dessous. Une offre valable pour une période plus courte sera rejetée comme non-conforme.

8. SCELLAGE ET MARQUAGE DES OFFRES

8.1. Le Soumissionnaire placera l'original et une (1) copie de l'offre dans des enveloppes séparées et cachetées portant la mention « ORIGINAL » et « COPIE », selon le cas. Ces enveloppes seront ensuite placées dans une enveloppe extérieure qui devra également être cachetée et marquée des indications suivantes :

- Adresse du destinataire ______________________________,
- Appel à la concurrence pour___________________________

(*Description de l'objet de l'appel d'offres*),

- **SOUMISSION "NE PAS OUVRIR AVANT** XX/XX/20XX

9. RÉCEPTION ET OUVERTURE PUBLIQUE DES OFFRES

9.1. Les offres sont déposées sous pli fermé au plus tard le ______ à __ heures précises à l'adresse ci-après :_______________________

9.2. L'ouverture des enveloppes et l'évaluation s'effectueront immédiatement après l'heure limite de dépôt indiquée ci-dessus. Les plis arrivés après l'ouverture du premier pli ne sont pas recevables.

9.3. Les plis seront ouverts en public en présence des soumissionnaires ou leurs représentants autorisés. Aucune offre ne pourra être modifiée après l'ouverture des plis. Le nom de chaque soumissionnaire et le montant total de chaque offre seront lus à haute voix et enregistrés une fois le pli ouvert. Les représentants des soumissionnaires devront signer un registre attestant de leur présence.

10. VÉRIFICATION DE LA CONFORMITÉ DE L'OFFRE

10.1. Avant l'évaluation détaillée des offres, la Commission de passation des marchés de la Collectivité territoriale s'assurera que les offres ont été correctement signées ; et sont conformes aux spécifications du Dossier d'appel à la concurrence et sont d'une manière générale en ordre.

10.2. Une offre qui comporte des déviations substantielles aux termes, conditions et spécifications du dossier d'appel à la concurrence, sera rejetée pour non-conformité.

11. EVALUATION ET COMPARAISON DES OFFRES

11.1. Les offres considérées conformes seront vérifiées pour toute erreur arithmétique. S'il y a une différence entre les montants en chiffres et ceux en lettres, les montants en lettres prévaudront. S'il y a une différence entre le coût unitaire et le total dérivé en multipliant le coût unitaire par la quantité, le coût unitaire prévaudra. Si un soumissionnaire refuse d'accepter la correction, son dossier sera rejeté.

11.2. Si l'offre moins-disant est supérieure à l'enveloppe, on peut procéder à une réduction des quantités commandées ou une modification des conditions du marché (délai de livraison ; réduction des services connexes, etc.) afin de réaliser le contrat dans la limite du budget sans toutefois nuire à la qualité des fournitures.

12. VÉRIFICATION DE CAPACITÉ ET ATTRIBUTION DU CONTRAT

12.1. la Commission de passation des marchés de la Collectivité territoriale déterminera si, celui ayant soumis l'offre conforme évaluée moins disant à la capacité d'exécuter le Marché de manière satisfaisante, c'est-à-dire s'il satisfait aux critères de qualification ci-après :

- Etre règle avec la législation du pays notamment être inscrit au registre de commerce fournir un quitus fiscal en cours de validité et une attestation des services de sécurité sociale ;
- et [*choisir dans la liste suivante selon la nature des fournitures]*

12.1.1. *[dans les cas de marchandises simples]* - donner une preuve que vous avez les marchandises nécessaires en stock ou que vous serez capable de vous les procurer dans un bref délai;

12.1.2. *[Dans le cas d'équipement mécanique comme les moulins à mil, moto pompes, etc.,]* -donner une preuve que vous avez dans la région les facilités de service après-vente requises ; et que le modèle propose a déjà été livré à d'autres clients et qu'il fonctionne de manière satisfaisante dans des conditions similaires.

12.2. Si le soumissionnaire moins disant répond substantiellement à tous les critères de qualification, il est déclaré attributaire provisoire. Dans le cas contraire, on passe à l'offre classée 2e et la même démarche est effectuée jusqu'à attribution du marché.

13. NOTIFICATION

13.1. Avant l'expiration de la période de validité prescrite, la Collectivité territoriale notifiera le soumissionnaire gagnant que son offre a été acceptée. Cette Lettre de notification précisera la somme que la Collectivité territoriale paiera au Fournisseur pour l'exécution du marché. Parallèlement, la Collectivité territoriale enverra aussi au soumissionnaire le contrat présenté avec le dossier d'appel à la concurrence spécifiant tous les accords passés entre les deux parties.

14. DÉLAI DE LIVRAISON

Les fournitures/services doivent être livrées dans un délai maximum de __jours à partir de la réception de la notification du marché.

15. MANŒUVRES FRAUDULEUSES

15.1. Tout soumissionnaire coupable de corruption ou tendant à influencer les représentants de la Collectivité territoriale verra son offre écartée et exclue de la procédure pendant une durée qui lui sera notifiée par la lettre d'exclusion.

SECTION III – MODÈLE MARCHÉ DE FOURNITURES

RÉPUBLIQUE DU SÉNÉGAL

Un Peuple- Un But- Une Foi

Région de___________

Département de______

Arrondissement de_____

Collectivité territoriale de __

MARCHÉ N° / (année)

PASSE PAR______________________________

(Procédures simplifiées de passation des marchés des Collectivités territoriales) suivant dispositions de

Budget Collectivité territoriale de________________________________

Montant : ____

(En chiffres et en lettres)

Date de souscription : _____________________

Date approbation : ________________________

Date notification : _________________________

****** *****

Le présent Marché de fournitures est passé le __/ __/ 20XX__

Entre

M ____

Maire de la Collectivité territoriale agissant au nom et pour le compte de la Collectivité territoriale de ____________________________ désigné sous le vocable « Acheteur » d'une part ;

Et

M.____

Directeur de l'Entreprise ________________ faisant élection, de domicile à ____________________ téléphone __________ Fax ________ Email _______ ci-après désigne sous le vocable « Fournisseur » d'autre part.

LES PARTIES ONT CONVENU ET ARRÊTÉ CE QUI SUIT :

Article 1 – Objet du contrat

Le présent marché est passé pour la fourniture de ________________________

____

Article 2. Montant du contrat

Le montant du contrat est fixé à.............. [F CFA] et ne peut être modifié.

Article 3. Calendrier et lieu de livraison

Le calendrier de livraison des fournitures est de................semaines à partir de la date signature de ce contrat par les deux parties. Les marchandises seront livrées à l'adresse ci-après____

Article 4. Réception provisoire

Un Procès-verbal de réception provisoire sera établi à la livraison complète des fournitures.

Ou:

Si une installation de la marchandise est nécessaire, le reçu ne sera livré qu'une fois l'installation de l'équipement achevée (éliminer une option).

Article 5. Délai de garantie et service après-vente

(pour les équipements uniquement)

La période de garantie est de ______mois à partir de la date de réception provisoire. Pendant la période de garantie, exception faite de l'entretien courant, toute réparation d'équipement défectueux sera faite aux frais du fournisseur. Il en sera de même pour les pièces de rechange et les frais généraux. Le fournisseur devra assurer un service après-vente pour la maintenance et la provision régulière et rapide de pièces détachées.

Article 6 Réception finale

Le Procès-verbal de réception finale sera établi à la fin de la période garantie.

Article 7 Retenue de garantie (pour les équipements sous garantie uniquement)

Une retenue de garantie égale à 10% du montant du contrat sera remboursée à la réception finale de l'équipement.

Article 8 Pénalités de retard

En cas de retard de livraison, le fournisseur sera sujet à une pénalité de 1/1000 du prix de la marchandise par jour de retard. Cependant, le plafond de ces pénalités sera de 10 pour cent de montant total du contrat.

Au cas où le plafond de 10% (dix pour cent) est dépassé, la Collectivité territoriale se réserve le droit de résilier le contrat.

Article 9. Calendrier de paiement

Les montants dus seront payés de la manière suivante ;

(CAS DE FOURNITURES EN STOCK)

Paiement comptant à la livraison/installation des fournitures déduction faites d'une retenue de garantie de 10% pour les équipements mécaniques sous garantie

(CAS DES FOURNITURES A FABRIQUER)

Paiement : ____% à la commande ; _______ % à la livraison/installation après déduction faite de la retenue de garantie de 10% pour les équipements sous garantie soit ________________________________ FCFA

(en chiffres et en lettres)

Les paiements se feront par remise de chèque bancaire ou chèque postal au fournisseur ou par virement au compte N°_________________________ ouvert dans les livres de ____________________ au nom du fournisseur.

Article 10. Mise en vigueur

Ce marché ne sera effectif qu'après approbation de l'Autorité compétente.

Article 11. Droit applicable

Ce marché est soumis au droit de la République du Sénégal.

Article 12. Litiges

Tout litige ou différend pouvant découler de l'exécution du présent contrat ou se rapportant à celui-ci et qui ne peut être réglé à l'amiable sera soumis aux tribunaux compétents.

Lu et approuvé signé

(*La personne responsable des marchés publics de la Collectivité territoriale*)

Pour le Fournisseur

ANNEXE F6

1. TABLEAU DE COMPARAISON DES OFFRES

Appel à la concurrence No ____________ du __/__/__

Date limite de dépôt des offres _/__/__

Date d'ouverture des plis le ___/___/__

Lieu d'ouverture : ____

Soumissionnaire	Offre Conforme (OUI/ NON)	Motifs de non-conformité	Prix des offres lus à l'ouverture des plis	Erreurs calcul7	Prix de l'offre corrigé	Classement

[7] /Les corrections pour erreurs arithmétiques doivent être expliquées.

2 POST-QUALIFICATION OU VERIFICATION DE LA CAPACITE DES SOUMISSIONNAIRES

La capacité du soumissionnaire ________________________ classé premier a fait l'objet d'une vérification sur la base des critères de qualification prédéfinis dans le dossier d'appel à la concurrence.

Le tableau ci-après donne le résultat de cette vérification.

CRITÈRES QUALIFICATION	OUI	NON	COMMENTAIRES
Capacité juridique *(Pièces administratives et Statuts)*			
Capacité technique *(Expérience pertinente)*			
Marchés similaires effectués ▪ ▪			
Moyens matériels ▪ Disponibilité en stock ▪			
▪ Service après-vente			
Capacité financière			
Moyens financiers ▪ Ligne de crédit			

ATTRIBUTION

Le soumissionnaire ________________________________est proposé comme attributaire provisoire pour un montant de :_____________ ________________________________
____.FCFA

(En chiffres et lettres).

OU

Le soumissionnaire classé premier n'ayant pas satisfait aux critères de qualification, la Commission de passation des marchés de la Collectivité territoriale a procédé aux mêmes vérifications pour le soumissionnaire classé deuxième

(Joindre tableau de vérification selon même modèle)

La séance a été levée à ----------heures précises par le Président de la Commission de passation de Marchés de la Collectivité territoriale après lecture de ce présent procès-verbal.

Date________________________________

Les Membres de la CPM	**Qualité**	**Signature**
1.		
2.		
3.		
4.		
5		

ANNEXE F7

(En-tête)
Collectivité territoriale

PROCÈS-VERBAL D'ATTRIBUTION DÉFINITIVE DE FOURNITURES

**** ***

Suite à l'appel à la concurrence lancé par la Collectivité territoriale de__________________ ___________________________ le __/__/ 20XX__ et après réception du procès-verbal de la Commission de passation de marchés de la Collectivité territoriale mandatée à cet effet, le Conseil de la Collectivité territoriale s'est réuni en session extraordinaire le __/__/ 20XX__ au siège de la Collectivité territoriale pour examiner les recommandations de la commission d'évaluation des offres de l'appel à la concurrence pour la fourniture de ____

Après avoir pris connaissance du procès-verbal dressé par la Commission de passation de marchés de la Collectivité territoriale, le Conseil de la Collectivité territoriale à la majorité a validé les résultats et attribue les lots comme suit :

Lot n°1: Attributaire:________________________________

Lot n°2 : Attributaire : _________________________________, etc.

Fait à : ____________________ le __________________

Le Maire de la Collectivité territoriale ______________________

NB: Le présent PV sera affiché au siège de la Collectivité territoriale.

ANNEXE F7

(En-tête) **N° / /**
Collectivité territoriale **A , le**

NOTIFICATION D'ATTRIBUTION DE MARCHÉ

Le Maire de la Collectivité territoriale

A

Monsieur
(Nom de l'Entreprise).

Objet : Notification d'attribution de marché
de fournitures *N° Consultation*

Suite à l'examen des offres pour les fournitures citées en objet, dont vous avez été soumissionnaire, j'ai le plaisir de vous annoncer que votre Entreprise a été retenue pour effectuer les prestations pour un forfait ou (sur la base de vos prix unitaires) pour un montant de *montant- -attributaire-en lettres* F CFA (*montant- -attributaire-en chiffres* F CFA) toutes taxes comprises.

Vous trouverez ci-joint le contrat concernant ce marché, que je vous invite à me renvoyer dûment paraphé, signé et cacheté. Ce contrat devra prendre effet au plus tard à compter du *date-démarrage-contrat*.

(*Si requis*) Conformément au Cahier général des Charges, vous devez nous soumettre dans les trente (30) jours, la garantie de bonne exécution de ce marché selon le modèle joint. Aucun paiement ne sera effectué avant l'émission de cette garantie.

Pour toutes les avances éventuelles que vous demanderez dans le cadre du présent marché, vous devrez nous fournir une garantie de remboursement des avances selon le modèle joint.

Dans l'attente, recevez, *Titre Fonction*, l'assurance de ma considération distinguée.

Le Maire de la Collectivité territoriale______________________________
(Nom / Signature / date)

ANNEXE F8

(En-tête) **N° / /**
Collectivité territoriale **A , le**

NOTIFICATION DE NON-ATTRIBUTION DE MARCHÉ

Le Maire de la Collectivité territoriale

____

A

Monsieur
(Nom du consultant).

Objet : Résultats de _______________________ pour les travaux de________
(*préciser mode de passation)*

Madame/Monsieur

Suite à l'examen des offres pour la consultation citée en objet, dont vous avez été soumissionnaire, j'ai le regret de vous informer que votre entreprise n'a pas été retenue.

Au terme de la comparaison des propositions techniques et financières, le Bureau d'études qui a obtenu le score le plus élevé est (*Nom attributaire).*

Sa proposition est retenue pour un montant de __________*Montant Marché-lettres* FCFA ________ (*Montant Marché-chiffres F CF*A) toutes taxes comprises.

Espérant pouvoir compter sur vos services pour des marchés ultérieurs, je vous prie de recevoir, *Titre* ou *Fonction*,

Dans l'attente, recevez, Madame ou Monsieur (***Titre Fonction)***, l'assurance de ma considération distinguée.

Le Maire de la Collectivité territoriale______________________________
(Nom/Signature/date)

ANNEXE F9

(En-tête)
Banque agrée émettrice

GARANTIE DE REMBOURSEMENT DES AVANCES

Lieu d'émission : ______________________________ **Date d'émission :** _________

Référence : ______________________________

(objet + n° Courrier réponse)

Donneur d'ordre : ______________________________

(titulaire du marché)

Bénéficiaire : Collectivité territoriale de______________________________________

Montant de la Garantie de remboursement : ____________________________

Date d'échéance : _____ **20XX** __

Banque garante : ____

(*banque ayant émis la garantie*

D'ordre et pour compte de____

(donneur d'ordre)

Nous ____________________________________ émettons par la présente en faveur de
(banque émettrice)
la Collectivité territoriale de ____,
cette garantie de remboursement des avances irrévocable représentant (xx % du montant du marché).

Nous déclarons, par la présente, garantir comme débiteur principal au profit de la Collectivité territoriale de____,
le paiement sans contestation et dès réception de la première demande écrite du bénéficiaire jusqu'à concurrence du montant maximum mentionné ci-dessus.

Cette garantie est réalisable, proportionnellement au remboursement réellement effectué par le donneur d'ordre pour dédommager la Collectivité territoriale de____, en sa qualité d'Autorité contractante, aux guichets de la banque « garante » par paiement à vue contre présentation de la déclaration dûment signée du bénéficiaire certifiant que le donneur d'ordre n'a pas rempli ses obligations contractuelles.

Nous notons que la présente garantie sera valable jusqu'au remboursement complet de ladite avance.

La Collectivité territoriale de____
s'engage à envoyer à l'organisme émetteur un courrier de libération comprenant l'original de la présente garantie. Tous les frais et commissions sont à charge du donneur d'ordre.

La Loi ainsi que la juridiction applicable à la garantie sont celles du pays du bénéficiaire.

Fait à .... le ....20XX__

Signature et cachet responsables de la Banque émettrice

____

Noms et fonctions des signataires
(dactylographiés)

ANNEXES
MARCHÉS DE CONSULTANTS

**** ***

ANNEXE C1

(En-tête)
Collectivité territoriale

CADRE
ÉLABORATION DE TERMES DE RÉFÉRENCES POUR CONSULTANTS

Services de consultant pour___________________

1. Contexte et nature de la prestation.

Dans cette partie, on retrouve généralement les éléments suivants, présentés de façon succincte :

1.1. Informations sur la Collectivité territoriale commanditaire de la mission ;

1.2. l'objet de la prestation, sa nature et ses principales caractéristiques (sa localisation, son ancrage institutionnel, ses différents protagonistes, etc.) les principales attentes du commanditaire.

2. Définition de la prestation et de son champ géographique

Détails de présentation initiale de l'action : géographie de l'action, ses objectifs, ses acteurs, son historique, sa stratégie, ses moyens, son organisation, ses grandes phases, et les principaux résultats en rapports avec la mission atteints.

2.1. Les objectifs de la consultation

2.1.1. Définir l'objectif global

2.1.2. Définir les objectifs spécifiques c'est-à-dire les objectifs secondaires de l'étude qui, ensemble, permettront d'atteindre le ou les objectifs généraux.

3. Les éléments de méthodologie.

En fonction des attentes et du contexte, le commanditaire peut suggérer une méthode, ou avoir d'emblée une préférence pour une méthode.

Il est possible d'indiquer sa préférence pour certaines méthodes, ou souhaiter connaître l'opinion de certaines catégories d'acteurs, ou exiger certaines données (qualitatives ou quantitatives).

Au-delà de la méthode d'investigation, il est possible d'exiger la mise en œuvre d'une méthode participative.

Cela est particulièrement indiqué lorsque l'action à évaluer s'inscrit dans un processus participatif (entre acteurs associés à la mise en œuvre).

3.1. Revue de la littérature

La revue de la littérature permet de recueillir les informations et connaissances qui existent sur le sujet d'intérêt, par des sources indirectes telles que des statistiques nationales, des rapports, etc.

3.1.1. Objectifs : présenter les objectifs généraux et spécifiques de la revue bibliographique.

3.1.2. Sources : préciser également les sources de documentation qui pourront être utilisées.

i) Entretiens avec acteurs du domaine de l'étude

Le prestataire pourra être amené au cours de l'étude à rencontrer différents acteurs intervenants dans le domaine concerné, et qui sont en mesure d'apporter leur témoignage éclairé sur la thématique. Il est alors utile de lister les personnes/structures à rencontrer et décrire les objectifs de chaque rencontre.

3.2. <u>Les Ressources</u>

Une bonne élaboration des Termes de référence nécessite de faire ressortir les besoins en :

3.2.1. <u>Ressources budgétaires.</u>

Il est très souvent fixé un budget plafond pour les prestations commanditées. Le budget est très rarement annoncé, dans les méthodes de passation de prestations intellectuelles, pour faire jouer le principe de l'économie en espérant tirer les prix vers le bas.

3.2.2. <u>Ressource temps</u>

Dans la mise en œuvre d'une mission, le temps, à l'instar du budget et des compétences humaines, constitue une ressource. Une indication sur la durée totale et des phases d'exécution est utile. Chaque durée indiquée doit être cohérente avec les éléments méthodologiques contenus par les Termes de référence.

Le calendrier d'exécution doit tenir compte des contraintes de l'action évaluée. Il est indispensable de prendre en compte la disponibilité des équipes de mise en œuvre, des contraintes climatiques. Délai d'exécution _______ jours : <u>Début de la mission</u> : _________

3.2.3. <u>Ressources humaines ou profil du Consultant</u>

i) « **<u>Prestataires firmes faire ressortir :</u>**

- pour chaque profil recherché, indiquer le niveau de qualification d'ordre général, les années d'expérience et les missions effectuées par chaque expert ;
- les missions auxquelles le Prestataire en qualité de firme a pris part avec les certificats de satisfecit.

ii) **<u>Prestataires individuels faire ressortir :</u>**

- le niveau de qualification d'ordre général souhaité et l'expérience par rapport à la mission et la connaissance du milieu où devra s'effectuer la mission. Les curricula vitae serviront de propositions techniques et seront demandés.

4. <u>Produits (livrables ou rendus) attendus</u>

A ce niveau, le commanditaire précise les documents attendus : rapports, note de synthèse, annexes, etc. Il précise aussi, la façon dont ces rapports seront validés.

INVITATION
DE CANDIDATS INDIVIDUELS

**** ***

ANNEXE C2

(En-tête) **N° / /**
Collectivité territoriale **A , le**

MODÈLE DE DEMANDE DE CURRICULUM VITAE

Le Maire de la Collectivité territoriale

A

Monsieur
Nom de l'Entreprise).

Objet : Services de consultant pour ___________

Madame/Monsieur_______________________

1. Dans le cadre de l'exécution du plan d'investissement annuel de la Collectivité territoriale de ____________________________ souhaiterait recruter un consultant individuel ayant les qualifications et l'expérience appropriées pour les services de consultants décrits dans les Termes de référence ci-joints.

2. Afin de nous permettre de juger sur une base identique les qualifications des candidats, nous vous invitons à nous fournir votre Curriculum vitae (Cv) (selon le modèle joint. Les CV devront parvenir à l'adresse indiquée ci-dessous avant le_____ à _____Heures précises. Les Cv déposés en retard ne seront pas considérés.

3. Adresse de dépôt ____

4 Un consultant individuel sera choisi à l'issue d'une évaluation des qualifications sur la base des critères ci-après :

CRITÈRES	POINTS MAXIMUM
Qualifications générales (Niveau Education - diplômes)	20
Expérience professionnelle pertinente dans le domaine objet de la sollicitation	50
Connaissance du milieu et de la langue territoriale	30
Total	**100**

5. Nous vous informerons de l'issue de la sélection dans un délai de ___jours suivant la date limite de dépôt des Cv, indiquée ci-dessus.

Veuillez agréer, Madame/Monsieur, l'assurance de ma considération distinguée.

Signature_________________________

MODÈLE DE CURRICULUM VITAE TYPE

(Les manuscrits seront acceptés à condition de respecter le présent format)

Prénoms et Nom :

Profession : ______________________________

Date de naissance : ______________________________

Nationalité : ______________________________

PRINCIPALES QUALIFICATIONS :

(en une demi-page maximum, donner un aperçu des aspects de vos qualifications qui sont le plus en rapport avec les termes de références

____

ÉDUCATION :

(en un quart de page maximum, résumer les études suivies par l'employé, en indiquant le nom de l'école ou université, les années d'étude et les diplômes obtenus.)

____

EXPÉRIENCE PROFESSIONNELLE : **(En trois quarts de page maximum)**

1. Emplois exercés : dresser la liste des emplois exercés depuis la fin de vos études, dans un ordre chronologique inverse, en commençant par le plus récent ; pour chacun, indiquer les dates, le nom de l'employeur, le poste occupé et le lieu de travail ;

2 Consultations : Donner la liste des services de consultant similaires que vous avez menées en précisant la date, le lieu, le type de travail effectué le produit livre, le cas échéant, les noms des clients à titre de références. Si vous avez participé à ces missions en tant que membre d'une équipe, vous voudrez bien préciser. Le niveau des responsabilités que vous avez exercé dans le cadre de l'équipe)

CONNAISSANCE DU MILIEU ET LANGUES :

1. Expérience du milieu communautaire ? ______OUI______NON_____

   Si OUI donner des précisions : ______________________________

2. Langues - Indiquer le niveau : lu/parlé/écrit, moyen/bon/excellent.)

Je, soussigné, __________________certifie que les renseignements ci-dessus rendent fidèlement compte de ma situation, de mes qualifications et de mon expérience.

Signature ______________________________ **Date :** __________

ANNEXE C3

(En-tête)
Collectivité territoriale

Services de consultants pour________________________

PROCÈS-VERBAL DE SÉLECTION DE CONSULTANTS INDIVIDUELS

CRITÈRES	**Maximum de points**	**Notes obtenues par les différents candidats**				
		A (points)	B (points)	C (points)	D (points)	E (points)
Propositions techniques ou curricula vitae						
Qualifications générales	**20**					
Expérience (nombre de missions similaires)	**50**					
Connaissance du milieu communautaire	**30**					
Note technique	**100**					
Note technique pondérée *(Note technique x 80%)*						
Valeur proposition financière						
Note financière						
Note financière pondérée *(Note financière x 20%)*						
SCORE GLOBAL	**100**					
Notes techniques + notes financières pondérées						
CLASSEMENT						

Commentaires

____

____

Date __/__/ 20XX_

Membres de la Commission de passation de marchés	**Signatures**
1.______________________________	______________
2.______________________________	______________
3.______________________________	______________
4.______________________________	______________
5. ______________________________	______________

ANNEXE C4

(En-tête) **N° / /**
Collectivité territoriale **A , le**

LETTRE D'INVITATION A NÉGOCIER

Le Maire de la Collectivité territoriale

A

Monsieur
(Nom du consultant).

Objet : Services de consultants pour

Madame/Monsieur,

1. Votre candidature a été retenue suite à l'appel à Manifestation d'intérêt pour l'exécution des prestations décrites dans les Termes de référence ci-joint.
2. Nous vous invitons à nous soumettre une proposition technique et financière selon le modèle annexé à la présente lettre d'invitation avant le ....
3. Votre proposition fera l'objet de négociations entre vous et ______________. Elle servira de base à l'établissement d'un contrat dont le modèle est joint en annexe.

Veuillez agréer, **Madame/Monsieur**, l'assurance de ma considération distinguée.

Signature ____date ___________

[Représentant du Client]

Pièces jointes :

- Modèle de soumission de proposition technique et financière à remplir par le consultant **ANNEXE C5**
- Termes de référence
- Modèle de contrat proposé. **ANNEXE C6**

ANNEXE C5

(En-tête) **N° / /**
Soumissionnaire **A , le**

MODÈLE DE SOUMISSION DE PROPOSITION TECHNIQUE ET FINANCIÈRE

(À remplir par le consultant)

A

Monsieur le Président de la Collectivité territoriale de

____

Objet : Services de consultant pour _________________

Réf. Votre invitation à négocier en date du __/__/ 20XX___

Nous soussignés, ___________________________________, avons l'honneur de vous adresser ci-joint notre Proposition technique et financière pour les services en objet.

1. PROPOSITION TECHNIQUE

No	Description des tâches	Durée (nombre de jours)	Date de début	Date d'achèvement
1				
2				

2. PROPOSITION FINANCIÈRE

N°	Description	Unité	Quantité	Prix unitaire (FCFA)	Montant total (FCFA)
1.	**Rémunération**	par jour			
2.	**Frais de transport**	par voyage			
3.	**Indemnité de subsistance**	par jour			
4.	**Rédaction de rapport**	jours			
5.	**Divers (photocopies, communication etc.)**	forfait			
	TOTAL GÉNÉRAL				

Veuillez agréer, **Mesdames/Messieurs,** l'expression de ma considération distinguée.

Signature : Date ____________________

Nom : ____

Adresse : ____

ANNEXE C6

(En-tête) **N° / /**
Collectivité territoriale **A , le**

NOTIFICATION D'ATTRIBUTION DE MARCHÉ

Le Maire de la Collectivité territoriale

A

Monsieur
(Nom du consultant).

Objet : Notification d'attribution de marché
suivant la Consultation *N° du*

Suite à l'examen des propositions pour la consultation citée en objet, dont vous avez été soumissionnaire, j'ai le plaisir de vous annoncer que votre candidature a été retenue pour effectuer la mission pour le montant forfaitaire de *montant- -de-en lettres* F CFA (*montant- -de-en chiffres* F CFA).

Vous trouverez ci-joint le contrat de prestations de services intellectuels (de Consultant individuel) concernant ce marché, que je vous invite à me renvoyer dûment paraphé, signé et cacheté. Ce contrat devra prendre effet au plus tard à compter du *date-démarrage-contrat*.

Pour toutes les avances éventuelles que vous demanderez dans le cadre du présent marché, vous devrez nous fournir une garantie de remboursement des avances selon le modèle joint.

Dans l'attente, recevez, *Titre Fonction*, l'assurance de ma considération distinguée.

Le Maire de la Collectivité territoriale______________________________

(Nom / Signature / date)

ANNEXE C7

(En-tête) **N° / /**
Collectivité territoriale **A , le**

NOTIFICATION DE NON-ATTRIBUTION DE MARCHÉ

Le Maire de la Collectivité territoriale

A

Monsieur
(Nom du consultant).

Objet : Résultats de la Consultation *N° Consultation*

Suite à l'examen des propositions pour la consultation citée en objet, dont vous avez été soumissionnaire, j'ai le regret de vous informer que votre candidature n'a pas été retenue.

Au terme de la comparaison des curricula vitae et des propositions financières, le Candidat individuel qui a obtenu le score le plus élevé est *(Nom de l'attributaire).*

Sa proposition est retenue pour un montant de *-lettres* FCFA (*-chiffres F CF*A).

Espérant pouvoir compter sur vos services pour des marchés ultérieurs, je vous prie de recevoir, *Titre* ou *Fonction*,

Dans l'attente, recevez, *Titre Fonction*, l'assurance de ma considération distinguée.

Le Maire de la Collectivité territoriale____________________________

(Nom / Signature / date)

ANNEXE C8

MODÈLE DE CONTRAT DE CONSULTANT
Petit contrat au forfait

LE PRÉSENT CONTRAT (« le Contrat ») est conclu le __/__/20XX_,

Entre

M____

Maire de la Collectivité territoriale de_______________________________

agissant au nom et pour le compte de ladite Collectivité territoriale, désigné dans ce qui suit par le vocable (« le Client ») ;

Et

M____

(Prénoms et Nom, fonction)

Adresse____

Téléphone_____________ Fax _________________Email

______________________ désigné dans ce qui suit par le vocable (« le Consultant »)

pour les services

de____

Article 1. <u>ETENDUE DES PRESTATIONS</u>

Les prestations de services objet du contrat se feront conformément aux Terme référence décrits en Annexe A au présent contrat,

Article 2 <u>MONTANT DU CONTRAT</u>

Le montant du contrat est fixé à_______________________________ F CFA (TTC) Ce montant est forfaitaire, fixe et non révisable.

Article 3. <u>DURÉE DU CONTRAT</u>

Le contrat est d'une durée de _____ jours à compter du premier jour ouvrable marquant le début de la semaine qui suit la notification du contrat.

Article 4 <u>DÉROULEMENT DES PRESTATIONS</u>

Les prestations devront s'exécuter selon le planning d'exécution présente à **l'Annexe B** du présent contrat.

Article 5. <u>CALENDRIER DE PAIEMENT</u>

Les montants dus seront payés de la manière suivante :

(choisir le calendrier le plus approprie selon le cas et supprimer l'autre)

- ***Cas No 1 –contrats d'études***

  10% du montant du contrat après dépôt d'une note d'orientation et sur présentation d'une demande écrite accompagnée de la facture correspondante.

  70% du montant du contrat à l'acceptation d'un rapport provisoire à la satisfaction du Client.

  20% du montant du contrat à l'approbation du rapport final.

- ***Cas No. 2- : contrats de supervision***

  10% du montant sur présentation d'une demande écrite accompagnée de la facture correspondante après signature du contrat ;

  70% à la réception provisoire des travaux objet de la supervision

  20% dès réception définitive des travaux objet de la supervision.

Article 6. ENTRÉE EN VIGUEUR DU CONTRAT

Le contrat ne sera effectif qu'après signature par les deux parties.

Lieu et date : __/__/ 20XX___ Signé *[Maire de la Collectivité territoriale]*	Lieu et date : __/__/ 20XX___ Lu et approuvé *[Nom et signature du Consultant]*

ANNEXES AU CONTRAT

Annexe A. Termes de référence

Annexe B. Planning d'exécution

INVITATION DE BUREAUX D'ÉTUDES

**** ***

ANNEXE C7

(En-tête)
Collectivité territoriale

LETTRE D'INVITATION DE BUREAUX D'ÉTUDES

Le Maire de la Collectivité territoriale

A

Monsieur
(Nom du consultant).

Objet : Services de consultants pour___________

Mesdames/Messieurs

1. La Collectivité territoriale de ______________________________ Région de ______________________________dans le cadre de l'exécution de ces activités de développement inscrites dans son Plan de Développement territorial de l'année 20XX___ souhaiterait, sur le budget de l'année ____ recruter un Bureau d'études ayant les qualifications et l'expérience appropriées pour les services de consultants décrits dans les Termes de référence ci-joints.

2. Afin de nous permettre de juger sur une base identique les qualifications des bureaux d'études pressentis, nous vous invitons à nous fournir les références de votre cabinet ainsi que les Curriculum vitae (Cv) des membres de l'équipe que vous proposez pour l'exécution des prestations.

3. Votre dossier de soumission préparé selon le modèle en annexe devra parvenir à l'adresse indiquée ci-dessous avant le_____ à __Heures précises. Les dossiers déposés en retard ne seront pas considérés.

4. Adresse de dépôt ____

____

5. Un bureau d'étude sera choisi à l'issue d'une évaluation des qualifications sur la base des critères ci-après :

CRITÈRES	POINTS MAXIMUM
Références du cabinet (nombre de missions similaires)	20
Expérience pertinente des membres de l'équipe proposée	50
Connaissance du milieu et de la langue par les membres de l'équipe	30
TOTAL	**100**

6. Nous vous informerons de l'issue de la sélection dans un délai de ___jours suivant

la date limite de dépôt de votre proposition technique. Le bureau d'études choisi sera invité à négocier un contrat en vue de l'exécution des prestations.

Veuillez agréer, **Mesdames/Messieurs**, l'assurance de notre considération distinguée.

Le Maire de la Collectivité territoriale

PIÈCES JOINTES :

- Modèle de lettre de soumission de dossier de candidature à remplir par le consultant
- Termes de référence
- Modèle de Curriculum vitae

ANNEXE C8

(En-tête) **N° / /**
Prestataire Candidat **A , le**

LETTRE DE SOUMISSION DE DOSSIER DE CANDIDATURE

(À remplir par le consultant)

A

Monsieur le Maire de la Collectivité territoriale de_______________

Objet : Services de consultant pour __________________

Réf. Votre lettre d'invitation en date du ________

Nous soussignés, ______________________________, avons l'honneur de vous adresser ci-joint notre dossier de candidature aux fins de sélection pour les services de vises en objet

1. Présentation sommaire de notre cabinet

Nom/Raison sociale ____

Adresse : ____

Téléphone No. ____

Fax No. ____

Date de création ____

Nom du Représentant légal du cabinet ____________________________________

2. Nos références

(Missions similaires (maximum 5) que la e firme a exécutées soit à titre individuel ou en association)

Description des missions similaires	**Date de démarrage (mois/année)**	**Date d'achèvement (mois/année)**	**Nom et adresse du client**
1.			
2.			
3.			
4.			
5.			
6.			

ANNEXE C9

MODÈLE DE CURRICULUM VITAE

(À remplir pour chacun des membres de l'équipe proposée)

Nom du membre de l'équipe : ______________________________

Profession : ______________________________

Date de naissance : ______________________________

Nationalité : ______________________________

Attributions spécifiques dans la mission : ______________________________

____

Principales qualifications : (en une demi-page maximum, donner un aperçu des aspects de la formation et de l'expérience de l'employé qui sont le plus en rapport avec ses attributions ; indiquer le niveau des responsabilités exercées par cet employé dans le cadre de missions antérieures, en en précisant la date et le lieu.)

____

Éducation : (en un quart de page maximum, résumer les études universitaires et autres études spécialisées suivies par l'employé, en indiquant le nom de l'école ou université, les années d'étude et les diplômes obtenus.)

____

Expérience professionnelle : (en trois quarts de page maximum, dresser la liste des emplois exercés par l'employé depuis la fin de ses études, dans un ordre chronologique inverse, en commençant par son poste actuel ; pour chacun, indiquer les dates, le nom de l'employeur, le titre professionnel de l'employé et le lieu de travail ; pour les emplois des dix dernières années, préciser en outre le type de travail effectué et fournir, le cas échéant, les noms des clients à titre de références.)

Langues : (indiquer, pour chaque langue, le niveau de connaissance : lu/parlé/écrit, moyen/bon/excellent.)

Je soussigné, certifie sur l'honneur, que les renseignements, ci-dessus, rendent fidèlement compte de ma situation, de mes qualifications et de mon expérience.

____

Prénoms et Nom signature de l'employé

______________________________ Date : ______________________________

Prénoms et Nom signature et cachet de l'employeur *Jour/mois/année*

Ou du responsable autorisé de la firme

ANNEXE C10

(En-tête) **N°** / /
Prestataire intellectuel **A** **, le**

MODÈLE DE SOUMISSION
DE PROPOSITIONS TECHNIQUE ET FINANCIÈRE

(À remplir par le bureau d'études)

A

Monsieur le Président
de la Collectivité territoriale de
****** *****

Objet : Services de consultant pour ______________________

Réf : Votre invitation à négocier en date du ________

Nous soussignés, ______________________________, avons l'honneur de vous adresser ci-joint notre Proposition technique et financière aux fins de négociations d'un contrat pour les services de vises en objet

1. PROPOSITION TECHNIQUE

Nom des membres de l'équipe	Description des tâches	Durée (nombre de jours)	Date de début	Achèvement
1				
2				
3				

2. PROPOSITION FINANCIÈRE

N°	Description	Unité	Quantité	Prix unitaire	Montant total
1.	**Rémunération**	par jour			
	Nom des experts-	-	--	-	-
2.	**Frais de transport**	par voyage	-	-	-
3.	**Indemnité de subsistance**	par jour		-	-
4.	**Rédaction de rapport**	jours			
5.	**Divers**	forfait			
	Total général		-		

Veuillez agréer, **Mesdames/Messieurs**, l'expression de notre considération distinguée.

Signature : Date :

Nom : ________________

Adresse : ____________________

ANNEXE C11

MODÈLE DE FICHE DE NOTATION OFFRE TECHNIQUE

	Evaluateurs												Points Alloués
(a) **Expérience du Bureau** (*nombre de missions similaires ; références)*	N°1	N°2	N°3	N°4	N°1	N°2	N°3	N°4	N°1	N°2	N°3	N°4	
	Moyenne =				Moyenne =				Moyenne =				**10 points**
	Score Expert 1				**Score Expert 2**				**Score Expert 3**				
(b) **Qualifications générales des membres de l'équipe**	N°1	N°2	N°3	N°4	N°1	N°2	N°3	N°4	N°1	N°2	N°3	N°4	
													50 points
	Moyenne =				Moyenne =				Moyenne =				
(c) **Expérience similaire des membres de l'équipe**	N°1	N°2	N°3	N°4	N°1	N°2	N°3	N°4	N°1	N°2	N°3	N°4	
													30 points
	Moyenne =				Moyenne =				Moyenne =				
(d) **Connaissance du milieu et de la zone du projet des membres de l'équipe**	N°1	N°2	N°3	N°4	N°1	N°2	N°3	N°4	N°1	N°2	N°3	N°4	
													10 points
	Moyenne =				Moyenne =				Moyenne =				
Sous Total Expertise cabinets (b)+ (c) + (d)													**90 points**
Total Bureau d'études (*Méthodologie + total expertise*)													**100 points**

ANNEXE C12

(En-tête)
Collectivité territoriale

ÉTUDE TECHNIQUE
PROCÈS-VERBAL DE SÉLECTION DE BUREAUX D'ÉTUDES

Services de consultants pour________________________________

CRITÈRES	Maximum de points	Bureau 1 *(points)*	Bureau 2 *(points)*	Bureau 3 *(points)*	Bureau 4 *(points)*	Bureau 5 *(points)*
Expérience du Bureau (nombre de missions similaires ; références)	10					
Qualifications générales des membres de l'équipe	50					
Expérience des membres de l'équipe	30					
Connaissance du milieu et de la zone du projet des membres de l'équipe	10					
TOTAL DES POINTS	100					
CLASSEMENT						

Commentaires : ________________________________
____
____

Date __/__/20XX__

Membres de la Commission de passation des marchés	Signature
1________________________	________________
2.________________________	________________
3.________________________	________________
4.________________________	________________
5.________________________	________________

ANNEXE C13

(En-tête)
Collectivité territoriale

ÉTUDE TECHNIQUE ET FINANCIÈRE COMBINÉE
PROCÈS-VERBAL DE SÉLECTION DE BUREAUX D'ÉTUDES
SI MÉTHODE SQC

Services de consultants pour______________________________________

CRITÈRES	Bureau 1 *(points)*	Bureau 2 *(points)*	Bureau 3 *(points)*	Bureau 4 *(points)*	Bureau 5 *(points)*
Note technique obtenue (NTO)					
Note technique pondérée (NTP) *80% de NTO*					
Proposition financière					
Note financière obtenue (NFO)					
Note financière pondérée (NFP) *20% NFO*					
TOTAL DES NOTES PONDÉRÉES *(NTP + NFP)*					
CLASSEMENT					

Commentaires : ____
____
____

Date __/__/20XX__

Membres de la Commission de passation des marchés	**Signature**
1____________________________________.	______________________
2.____________________________________	______________________
3.____________________________________	______________________
4.____________________________________	______________________
5.____________________________________	______________________

ANNEXE C14

(En-tête) **N° / /**
Collectivité territoriale **A , le**

NOTIFICATION D'ATTRIBUTION DE MARCHÉ

Le Maire de la Collectivité territoriale

A

Monsieur
(Nom du consultant).

Objet : Notification d'attribution de marché
suivant la Consultation *N° Consultation*

Suite à l'examen des propositions pour la consultation citée en objet, dont vous avez été soumissionnaire, j'ai le plaisir de vous annoncer que votre Bureau d'études a été retenu pour effectuer la mission pour le montant forfaitaire de *montant- -attributaire-en lettres* F CFA (*montant- -attributaire-en chiffres* F CFA).

Vous trouverez ci-joint le contrat de prestations de services intellectuels (de Consultant) concernant ce marché, que je vous invite à me renvoyer dûment paraphé, signé et cacheté. Ce contrat devra prendre effet au plus tard à compter du *date-démarrage-contrat*.

Pour toutes les avances éventuelles que vous demanderez dans le cadre du présent marché, vous devrez nous fournir une garantie de remboursement des avances selon le modèle joint.

Dans l'attente, recevez, *Titre Fonction*, l'assurance de ma considération distinguée.

Le Maire de la Collectivité territoriale______________________________

(Nom / Signature / date)

ANNEXE C15

(En-tête) **N° / /**
Collectivité territoriale **A , le**

NOTIFICATION DE NON-ATTRIBUTION DE MARCHÉ

Le Maire de la Collectivité territoriale

A

Monsieur
(Nom du consultant).

Objet : Résultats de la Consultation *N° Consultation*

Suite à l'examen des propositions pour la consultation citée en objet, dont vous avez été soumissionnaire, j'ai le regret de vous informer que votre Bureau n'a pas été retenu.

Au terme de la comparaison des propositions techniques et financières, le Bureau d'études qui a obtenu le score le plus élevé est (*Nom attributaire).*

Sa proposition est retenue pour un montant de *–en lettres* FCFA (*-en chiffres F CF*A).

Espérant pouvoir compter sur vos services pour des marchés ultérieurs, je vous prie de recevoir, *Titre* ou *Fonction*,

Dans l'attente, recevez, *Titre Fonction*, l'assurance de ma considération distinguée.

Le Maire de la Collectivité territoriale______________________________

(Nom / Signature / date)

CONCLUSION

En matière de développement territorial, aucun individu ne peut prétendre, à lui seul, posséder la méthode ou la stratégie adéquate, et cela ne peut se réaliser qu'à travers une gouvernance où tous les acteurs locaux sont sensés valoriser le bien-être de la population locale dans un contexte de solidarité locale pour aboutir à un développement durable.

La bonne gouvernance veille à ce que les priorités politiques, sociales et économiques soient fondées sur un large consensus et à ce que les voix des plus démunis et des plus vulnérables puissent se faire entendre dans le cadre de prises de décisions relatives à l'allocation des ressources nécessaires au développement.

La bonne gouvernance clé de voute du développement local est régie par des principes directeurs que sont : la participation, la transparence, la responsabilité, l'efficacité et l'équité. Elle repose sur la primauté du droit.

Du coup, si l'atteinte du développement durable exige des modifications substantives aux activités et pratiques de développement, pour s'inscrire dans la durée, elle exige surtout une transformation des pratiques décisionnelles et des modes de coordination des activités socioéconomiques.

La réalisation et l'aboutissement des projets de développement local exigent l'existence d'une gouvernance territoriale et une implication des acteurs locaux. Le développement durable ne peut devenir réalité qu'à partir du moment où il est approprié par les territoires et surtout par les acteurs de ces territoires.

La problématique du développement ne devrait pas être abordée sans considérer les spécificités locales et la plus grande difficulté tient au fait que sa compréhension requiert une certaine originalité qui n'est pas toujours à la portée des décideurs.

Les communautés sont désormais de plus en plus conviées à construire et à renforcer leur développement en comptant sur leurs propres « capacités ». Par « capacités », il faut comprendre l'aptitude à exercer des fonctions, résoudre des problèmes, fixer et atteindre des objectifs.

Le but ultime de cet ouvrage : renforcer les capacités des acteurs étatiques, des groupes sociaux, des organisations collectives de base, pour qu'ils puissent être aptes à exercer des fonctions essentielles de passation et d'exécution des marchés publics pour comprendre et gérer les besoins en développement des Collectivités territoriales de manière durable.

**** ***

CONCLUSION

Structures éditoriales du groupe L'Harmattan

L'Harmattan Italie
Via degli Artisti, 15
10124 Torino
harmattan.italia@gmail.com

L'Harmattan Hongrie
Kossuth l. u. 14-16.
1053 Budapest
harmattan@harmattan.hu

L'Harmattan Sénégal
10 VDN en face Mermoz
BP 45034 Dakar-Fann
senharmattan@gmail.com

L'Harmattan Cameroun
TSINGA/FECAFOOT
BP 11486 Yaoundé
inkoukam@gmail.com

L'Harmattan Burkina Faso
Achille Somé – tengnule@hotmail.fr

L'Harmattan Guinée
Almamya, rue KA 028 OKB Agency
BP 3470 Conakry
harmattanguinee@yahoo.fr

L'Harmattan RDC
185, avenue Nyangwe
Commune de Lingwala – Kinshasa
matangilamusadila@yahoo.fr

L'Harmattan Congo
219, avenue Nelson Mandela
BP 2874 Brazzaville
harmattan.congo@yahoo.fr

L'Harmattan Mali
ACI 2000 - Immeuble Mgr Jean Marie Cisse
Bureau 10
BP 145 Bamako-Mali
mali@harmattan.fr

L'Harmattan Togo
Djidjole – Lomé
Maison Amela
face EPP BATOME
ddamela@aol.com

L'Harmattan Côte d'Ivoire
Résidence Karl – Cité des Arts
Abidjan-Cocody
03 BP 1588 Abidjan
espace_harmattan.ci@hotmail.fr

Nos librairies en France

Librairie internationale
16, rue des Écoles
75005 Paris
librairie.internationale@harmattan.fr
01 40 46 79 11
www.librairieharmattan.com

Librairie des savoirs
21, rue des Écoles
75005 Paris
librairie.sh@harmattan.fr
01 46 34 13 71
www.librairieharmattansh.com

Librairie Le Lucernaire
53, rue Notre-Dame-des-Champs
75006 Paris
librairie@lucernaire.fr
01 42 22 67 13

www.ingramcontent.com/pod-product-compliance
Lightning Source LLC
LaVergne TN
LVHW011018061026
849535LV00006B/1947